Susanne Lücke-David

Die Baustile

Susanne Lücke-David

Die Baustile

Baukunst Europas von der Antike bis zur Gegenwart

marixverlag

Bibliografische Information der Deutschen Nationalbibliothek
Die Deutsche Nationalbibliothek verzeichnet diese Publikation in der Deutschen Nationalbibliografie; detaillierte bibliografische Daten sind im Internet über
http://dnb.d-nb.de abrufbar.

Lektorat: Kai Große Dreimann, Bochum
Die Neuzeichnungen (siehe Seite 255)
stammen von Theodor Schwarz, Urbach
Covergestaltung:Nicole Ehlers, marixverlag
nach der Gestaltung von Thomas Jarzina, Köln
Satz und Bearbeitung: Medienservice Feiß, Burgwitz
Gesetzt in der Palatino
Gesamtherstellung: CPI books GmbH, Ulm
Printed in Germany

ISBN: 978-3-86539-975-5

www.marixverlag.de

Inhalt

Vorwort

Der vorgegebene relativ knappe Umfang dieses Buches macht es erforderlich, die Baukunst – also die Summe der Bauwerke – aus sehr großem Abstand wahrzunehmen und zu schildern. Dieser Abstand wiederum hat zur Folge, dass nur die markantesten Züge sichtbar bleiben und Details in der extremen Verkleinerung unsichtbar werden. Markant könnte man ein Bauwerk nennen, wenn es entweder per se als Kunstwerk hervorragend ist, etwa die Basilica von Gaudì in Barcelona, oder wenn es entwicklungsgeschichtliche Bedeutung hat, wie zum Beispiel der Bau des Gesù in Rom.

Das Anliegen einer Stilfibel bedeutet auch insofern eine drastische Abstraktion, als es das ursprüngliche Erscheinungsbild eines Bauwerks in der Regel vernachlässigt. Der griechische Tempel war in Teilen farbig (in der Regel rot, blau und weiß), Kathedralen hatten ein farbiges Gewand: Die Wände waren mit Fresken oder Wirkteppichen „verhüllt", Kapitelle und Basen farbig gefasst, im Barock wurde der Säulenschaft oft mit kostbaren Stoffen ummantelt. Das Anliegen einer Baustilfibel ist also ein ganz anderes, wenn man so will akademischeres.

Dass diese Stilfibel zugleich zu einem Abriss der europäischen Stilgeschichte geworden ist, verdankt sie zunächst schlicht der chronologischen Präsentation des Materials, dann aber, wie schon angedeutet, vor allem der notwendigen Konzentration auf Bauwerke, Baumeister und bestimmte geografische Bereiche, die für die weitere Entwicklung einzelner Strömungen von wesentlicher Bedeutung sind.

Wer sich mit „Stil" befasst, sieht sich im Prinzip zwei Elementen gegenüber: einem konstanten einerseits und einer

Vielzahl an variablen andererseits. Das konstante Element ist jeweils der Typus: So ist etwa eine Basilika zu allen Zeiten ein und dieselbe (ein erhöhtes Mittelschiff mit eigenem Lichtgaden und meist zwei, aber auch mehr Seitenschiffe). Das gilt für alle Zeiten, für die frühchristliche wie für die gotische oder die des Barock. Das Ornament dagegen ist die Variable und eigentlich das, an dem sich das, was wir „Stil" nennen, am zuverlässigsten ablesen lässt. Relevante Aufschlüsse für eine Datierung gibt es allerdings nicht. Wir müssen immer mit Verzögerungen bei konservativen Baumeistern und Bauherrn rechnen, und auch in die Provinz gelangen manche Strömungen verspätet oder überhaupt nicht.

So wie das Ornament selbst Wandlungen unterliegt, so ist auch sein Verhältnis zur Bausubstanz variabel. Wir beobachten einerseits, zum Beispiel in der Renaissance, eine klare Abgrenzung beider zueinander, sodass sich das Ornament von seinem Träger (der Bausubstanz) trennen ließe, ohne dass der letztere Schaden nehmen würde, ein Ineinandergreifen bis

1 Giebel verschiedener Epochen am Hauptplatz in Landsberg am Lech

hin zum Verschmelzen beider andererseits wie im Rokoko, als das Ornament zur Bausubstanz werden konnte.

Der Begriff des Ornaments hat verschiedene Aspekte. Der Architekt und Architekturtheoretiker der Frührenaissance Leon Battista Alberti bezeichnet die Säule als das „vornehmste Ornament“ und verzichtet dabei weitgehend auf übrigen Schmuck des Bauwerks, das für ihn erst dann vollkommen ist, wenn man nichts mehr weglassen kann. Damit unterscheiden sich seine Bauten augenfällig von denen des Barock, die viele Betrachter als „überladen“ empfinden.

In der Vergangenheit fanden in den organisch gewachsenen Städten Bauten verschiedenster Stile zueinander, und so kann der Spaziergang durch eine historische Altstadt zu einer anschaulichen Lehrstunde in Stilkunde werden. Die vorliegende Darstellung berücksichtigt jedoch nicht, dass bestimmte Bauwerke den Betrachter bzw. Begeher bewusst einbeziehen und sich diesem erst nach und nach durch den veränderten Blickwinkel ganz erschließen, wenn er sich bewegt und den Raum abschreitet, wie es im Barock der Fall ist. Sie enthält sich auch jeglicher Interpretation, wie etwa der der gotischen Kathedrale durch die Kunsthistoriker Hans Sedlmayr, der von einem „Baldachin-Prinzip“ spricht, oder Hans Jantzen, für den das „diaphane Prinzip“ das Wesentliche erfasst – Stilmerkmale also, die sich nicht auf charakteristische Einzelformen beschränken, sondern diese in ihrem baulichen Kontext erfassen und interpretieren.

Die Beschäftigung mit dem Stil lässt auch Komponenten, die Architektur zum emotionalen Ereignis machen können, wie etwa die Farbe gotischer Glasfenster und das einfallende Licht, das im Barock eine so wesentliche Rolle spielt, außer Acht. Wer in einer abgelegenen Kirche in den Pyrenäen den dunklen Raum auf sich wirken lässt, dessen kleine Glasfenster wie von selbst in Rubinrot und Saphirblau erglühen, wird unter diesem Eindruck kaum als Erstes nach möglichen Wandgliederungen suchen, und wer den Innenraum der Kathedrale von Chartres im Blick gegen Westen von bläulichem diffusen Licht erfüllt erlebt, achtet nicht auf die Detailzeichnungen der Kapitelle.

2 Kölner Dom, Innenansicht. Stich von N. A. Leisnier, 1825

Nach diesem Bekenntnis dazu, was eine Stilfibel nicht will und kann, wenden wir uns also dem zu, was sie als ihr (dennoch) legitimes Vorhaben betrachtet.

Die Antike

Ohne die zum größten Teil nur in Ruinen erhaltenen Bauten der Griechen und Römer hätte es keine europäische Architektur in der Form gegeben, wie sie in den vergangenen Jahrhunderten bis heute Gestalt angenommen hat.

Griechische Baukunst

Der griechische Tempel

Griechische Architektur ist für uns gleichbedeutend mit griechischem Tempelbau.

Der griechische Tempel war das Haus eines Gottes, der in Gestalt seines Kultbildes in der Cella anwesend war. Sterbliche hatten keinen Zutritt. Ihre Opfer brachten sie an einem vor dem Tempel stehenden Altar dar.

Er zeigt sich als ausgewogenes System von tragenden und getragenen Bauteilen. Die tragenden sind die Säulen, die sich in einzelnen Ordnungen zu erkennen geben: der dorischen, ionischen und korinthischen. Die getragenen Teile bestehen im Gebälk und dem abschließenden Dreiecksgiebel, wobei das Gebälk wiederum zu einem tragenden Teil wird.

Für fast zwei Jahrtausende war er, und zwar ausschließlich sein Außenbau, gleichsam der ideelle Steinbruch für jegliche europäische Baukunst. Seine Säulen, Kapitelle, Friese, Gesimse und Giebel wurden zu kanonischen Elementen von Sakral- und Profanarchitektur. Schließlich übernahmen ihn neuzeitliche Baumeister in ganzer Gestalt, von seinen Göttern entvölkert, und führten ihn anderen Bestimmungen zu. Kirchen, Museen und Börsen glichen nun einem Tempel des Zeus, der Athene, der Artemis.

Die dorische Ordnung

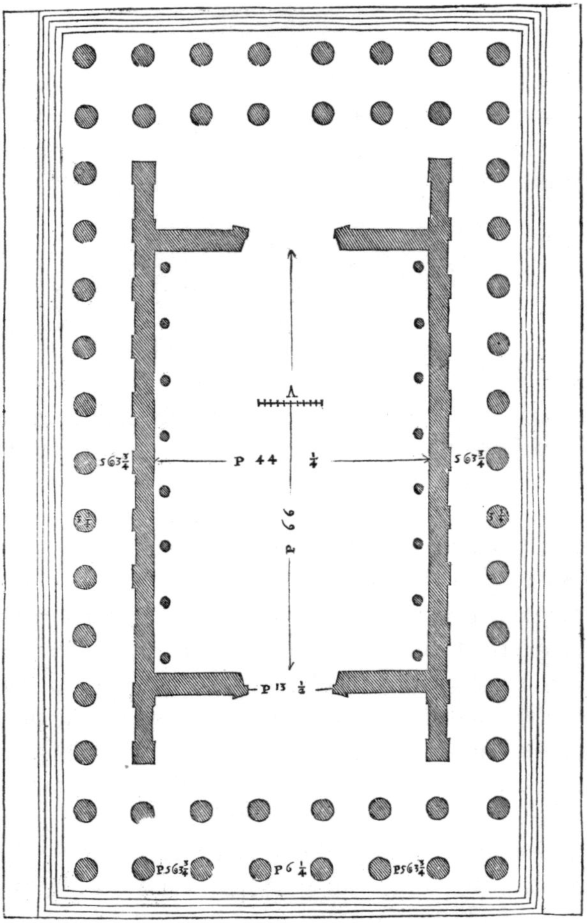

3 Dorischer Tempel mit einfachem Umgang (Peripteros). Nach A. Palladio

Der klassische dorische Tempel ist der Peripteros über rechteckigem Grundriss. Der Kern, die Cella, ist von einem Kranz frei stehender Säulen umgeben.

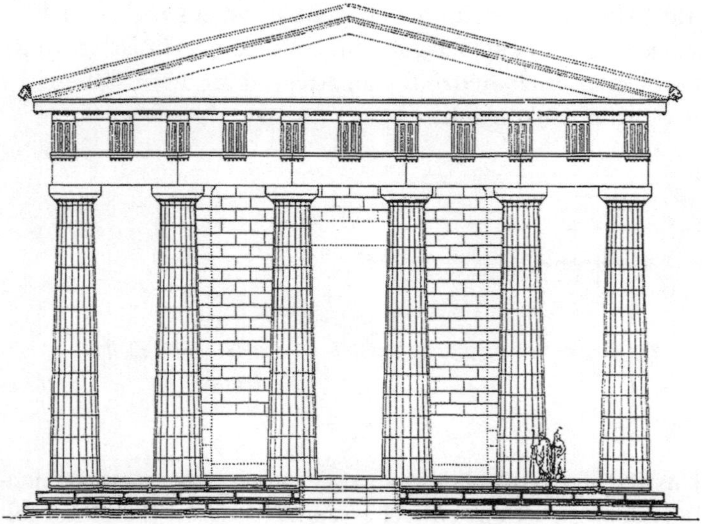

4 Dorischer Tempel, Front. Idealdarstellung

Auf einem meist dreigliedrigen Stufenbau (Krepis) über dem im Boden liegenden Unterbau stehen die Säulen, die einen steinernen Balken tragen, den Architrav, über dem ein Fries liegt. Der an einer der Stirnseiten gelegene Eingang der Cella fällt im Schatten der Vorhalle kaum ins Auge.

An den Schmalseiten erhebt sich über dem Fries der dreieckige Giebel, der das Satteldach abschließt.

Dieser Aufbau gilt auch für Tempel der ionischen und der korinthischen Ordnung (s.u.).

Die dorische Säule hat keine Basis. Der sich nach oben verjüngende oder mit einer Schwellung (Entasis) versehene Schaft ist

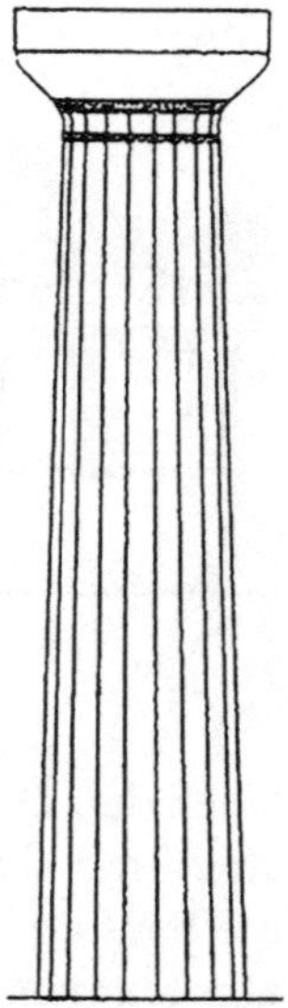

5 Dorische Säule. Idealdarstellung

mit 18 bis 20 Kanneluren versehen. Er ist aus mehreren bossierten „Trommeln" zusammengesetzt (ein technisch bedingtes Motiv, dem in neuzeitlicher Architektur meist ästhetische Bedeutung zukommt).

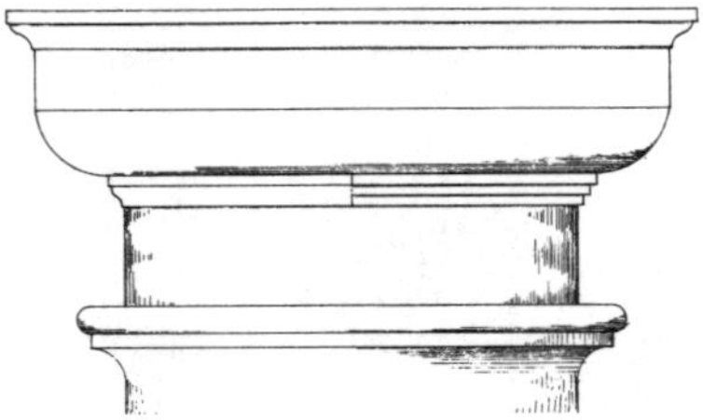

6 Dorisches Kapitell. Idealdarstellung

Das Kapitell, das über einem schmalen Einzug am Säulenhals ansetzt, ist ein einfaches rundes Kissen (Echinus) mit einer darüber liegenden rechteckigen Platte (Abakus).

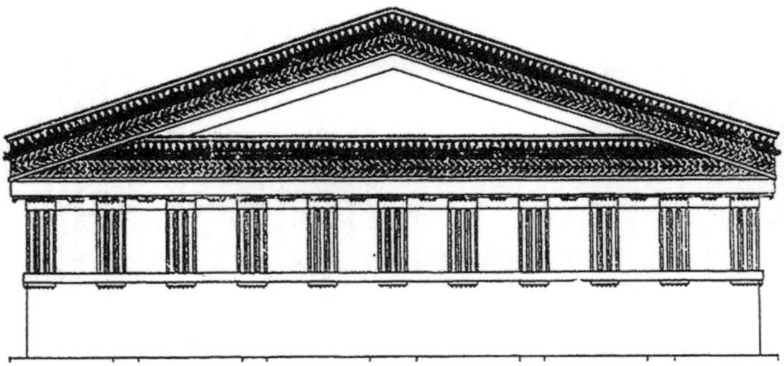

7 Dorisches Gebälk und Giebel. Idealdarstellung

Über den Deckplatten der Kapitelle liegt der schmucklose Architrav, darüber ein Fries mit Triglyphen und Metopen, die häufig mit Reliefs geschmückt sind, und schließlich ein vorspringendes Gesims (Geison). Der dreieckige Giebel ist mit Reliefs oder vollplastischen Figuren in einem szenischen Kontext versehen.

8 Halbsäulen. Akragas, Tempel B, Olympieion

Schon im antiken Griechenland setzte man Halbsäulen gegen eine Wand, wie hier am Tempel B, dem Tempel des Olympischen Zeus, in Akragas (nach 480 v. Chr.).

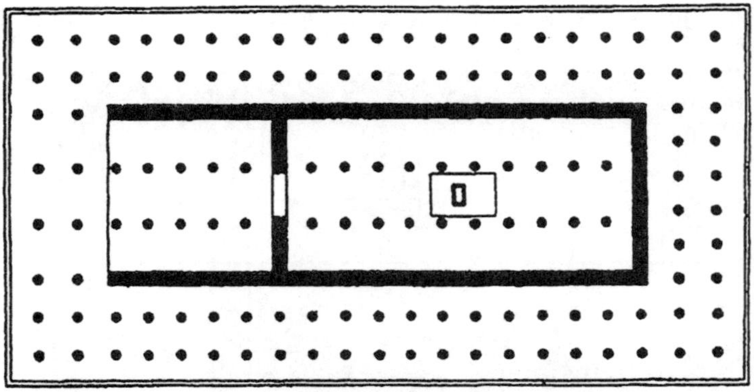

9 Tempel mit doppeltem Umgang (Dipteros). Schematische Darstellung

Dieser Typus des Tempels ist vor allem im ionischen Kleinasien verbreitet. Die Cella ist von einer doppelten Säulenstellung umgeben. Um 200 v. Chr. baute der Architekt Hermogenes auch Pseudodipteroi, bei denen die innere Säulenstellung entfiel, sodass sich eine den ganzen Bau umgebende weite Wandelhalle ergab.

Die ionische Ordnung

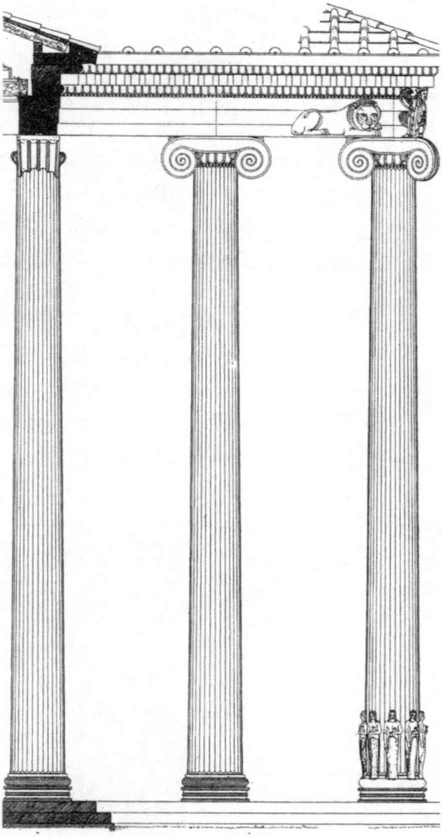

10 Ionische Ordnung. Didyma, älteres Didymaion. Rekonstruktion.

Während Grund- und Aufriss des Tempels im Prinzip jenen des dorischen Tempels entsprechen, unterscheidet sich die ionische Säule wesentlich von der dorischen. Anders als jene besitzt sie eine Basis und ist merklich höher und schlanker. Die Kanneluren sind erheblich zahlreicher als die der dorischen Säule (in der Frühzeit bis zu 48).

Die Basis kann in der Abfolge von Wülsten und Hohlkehlen vielfach variieren. Häufig ist die Säule in ihrem unteren

Teil mit Reliefs geschmückt, mitunter mit lebensgroßen Figuren, oder die Kanneluren sind mit Rundstäben gefüllt.

Insgesamt ist die ionische Ordnung wesentlich reicher ornamentiert als die dorische.

Charakteristisch für das ionische Gebälk ist ein Architrav, der aus drei flachen, abgetreppten Streifen (Faszien) besteht. Der darüberliegende Fries ist mit einem Eierstab (Kyma) verziert. Unter dem Gesims (Geison) reihen sich kleine „Zähne" (Zahnschnitt), ursprünglich die Stirnseiten einer engen Balkenlage. Wegen seiner dekorativen Wirkung wurde das Motiv von Architekten der Neuzeit, vor allem im Klassizismus, häufig verwendet.

11 Ionische Säule. Nach A. Palladio

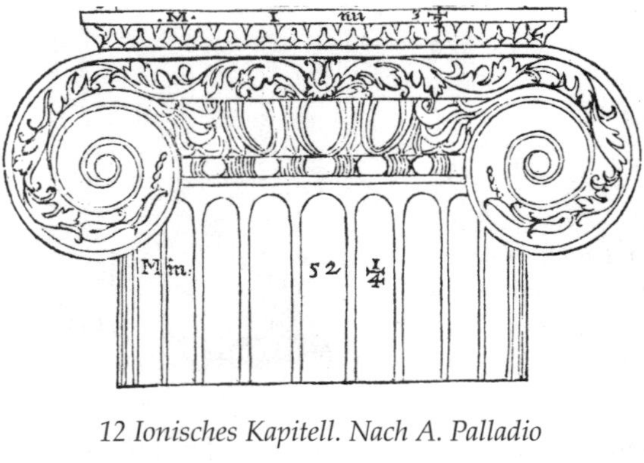

12 Ionisches Kapitell. Nach A. Palladio

Der Säulenhals schließt mit einem ionischen Kyma (Blattstab, Eierstab) ab, darüber folgt der Echinus, der sich zu beiden Seiten zu einer Volute einrollt. Auf dem Echinus liegt ein niedriger Abakus in Gestalt einer dünnen Platte.

Die korinthische Ordnung

Sie ist die jüngste der drei klassischen Ordnungen. Das Kapitell wurde gegen Ende des 5. Jahrhunderts erfunden. Zunächst fand es nur in der Innenarchitektur und bei kleineren Bauten Verwendung . Erst in der zweiten Hälfte des 3. Jahrhunderts v. Chr. wird es in der monumentalen Tempelbaukunst am Außenbau eingesetzt.

Es gibt zunächst keinen korinthischen Kanon zusammengehöriger Formen von Säule, Kapitell und Gebälk.

Die Säule hat wie die ionische eine Basis und ist kanneliert. Das Gebälk entspricht entweder dem dorischen mit glattem Architrav und Metopenfries oder dem ionischen mit Faszien, Eierstab und Zahnschnitt zwischen Fries und Gesims (Geison).

13 Korinthisches Kapitell. Nach A. Palladio

Um den Körper des Kapitells legen sich zwei Reihen von Akanthusblättern so übereinander, dass die Blätter versetzt erscheinen. Nach oben wachsen Stängel hervor, die sich zu Voluten einrollen, und zwar zwei kleinere, einander zugeneigte in der Mitte, zwei größere, nach außen gewandte an den Ecken, die den Abakus mit seinen eingezogenen Kanten stützen.

Erst zu Beginn des 1. Jahrhunderts v. Chr. kommt es zu einer kanonischen Ordnung (s.u.), die sich allerdings als umso langlebiger erweisen sollte.

Römische Baukunst

Um 300 v. Chr. begann der Niedergang des griechischen Tempelbaus. Im frühen 1. Jahrhundert traten in den östlichen römischen Provinzen römische Auftraggeber auf den Plan. Deren Baumeister orientierten sich zunächst an griechischen Vorbildern, die sie sowohl im Vorderen Orient wie in den griechischen Kolonien auf italienischem Boden vorfanden. So unterscheiden sich die frühen römischen Tempel nicht von den griechischen.

Doch mit der Zeit geht die römische Baukunst ihre eigenen Wege. Dabei entwickelt sie einen besonderen Sinn – nicht für

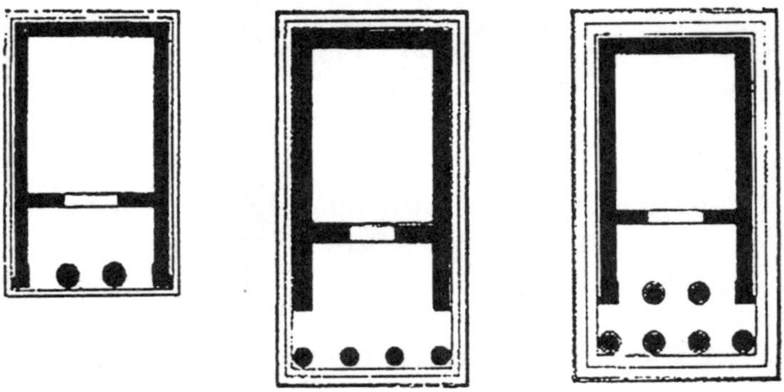

14 Verschiedene Formen des Antentempels. Schematische Darstellung

die Säule – sondern für die Wand. Sie ist wuchtig und massiv, vertikale Wände werden mit Nischen versehen, Räume mit Gewölben gedeckt.

Die Baumeister griffen hierbei auf die älteste Tempelform Griechenlands zurück: den Tempel ohne Säulenumgang, der nichts anderes war als das Haus eines Gottes. Später bildete es den Kern des Peripteros (s. S. 12). Auch die üblichen Schatzhäuser hatten die Gestalt eines Antentempels.

In seiner schlichtesten Form ist auch der römische Antentempel ein rechteckiger gemauerter Bau mit einer überdachten Vorhalle, die aus den vorgezogenen Längswänden (den Anten) und zwei zwischen sie gestellten Säulen besteht. Mit der Zeit bildeten sich verschiedene Spielarten heraus.

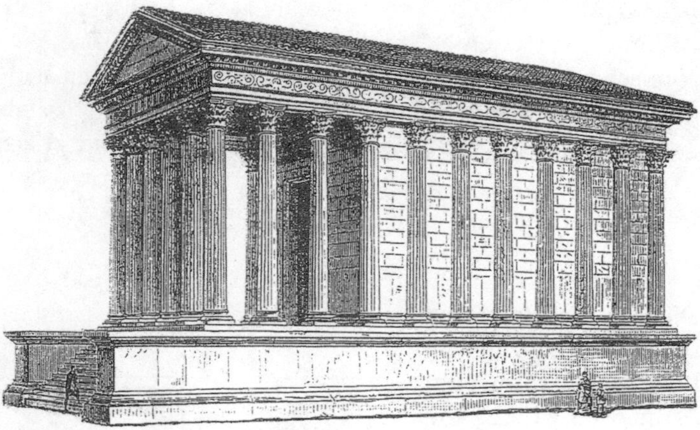

15 Römischer Podiumstempel. Die Maison Carrée in Nîmes, 19 v. Chr.

Dieser Typus des Tempels hat etruskische Wurzeln. Er steht auf einem hohen durchgehenden Sockel als Unterbau. Die Längsseiten des Sockels sind nach vorn verlängert, zwischen den beiden freien Sockelenden liegt eine steile, hohe Treppe, die zur Vorhalle mit frei stehenden korinthischen Säulen führt. Die dreijochige Vorhalle ist mit einer Kassettendecke versehen. Über Architrav und einem mit Zahnschnitt ornamentierten

Fries liegt ein Dreiecksgiebel. Längsseiten und Rückseite sind von Halbsäulen umgeben, die der Wand anliegen.

16 Rom, Domus Aurea, nach dem Brand von Rom 64 n. Chr. Radierung von G. B. Piranesi, 1756

Die eindrucksvollste und folgenreichste Leistung römischer Baumeister ist die Wölbungstechnik, die auf eine alte orientalische Tradition zurückgreifen konnte. Die Ruine der Domus Aurea (des „Goldenen Hauses" des Nero) gewährt Einblick in drei Räume, die mit kassettierten Tonnen eingewölbt sind.

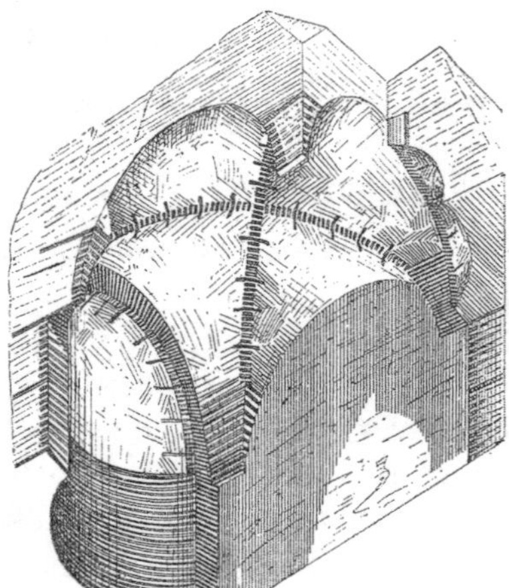

17 Kreuzgratgewölbe

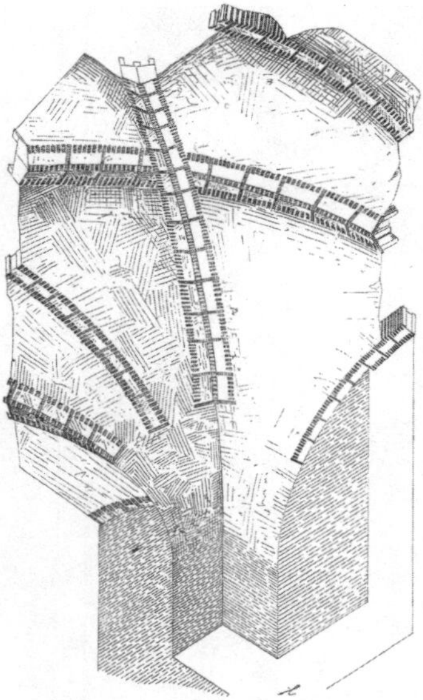

Auch das Kreuzgratgewölbe, das im Norden seit der Romanik eine so wichtige Rolle spielen sollte, geht auf die römische Baukunst zurück. Es ist als Durchdringung zweier Tonnengewölbe im rechten Winkel zu verstehen.

18 Kreuzgratgewölbe in den Diocletians-Thermen

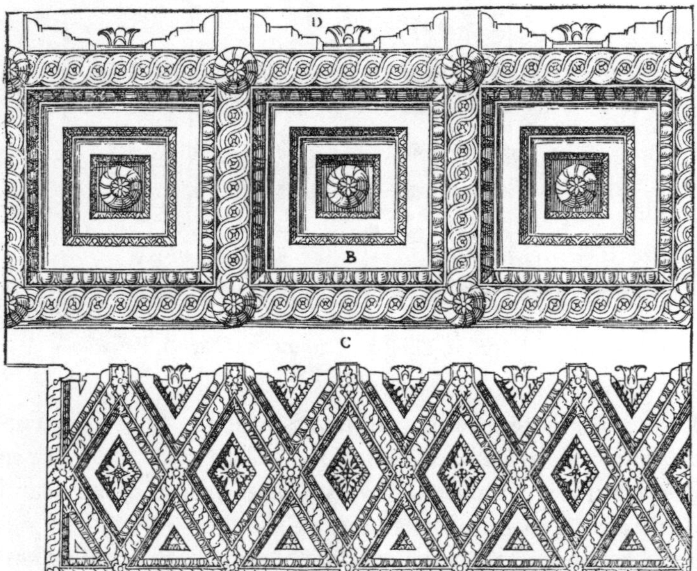

19 Römische Deckenkassetten. Nach A. Palladio

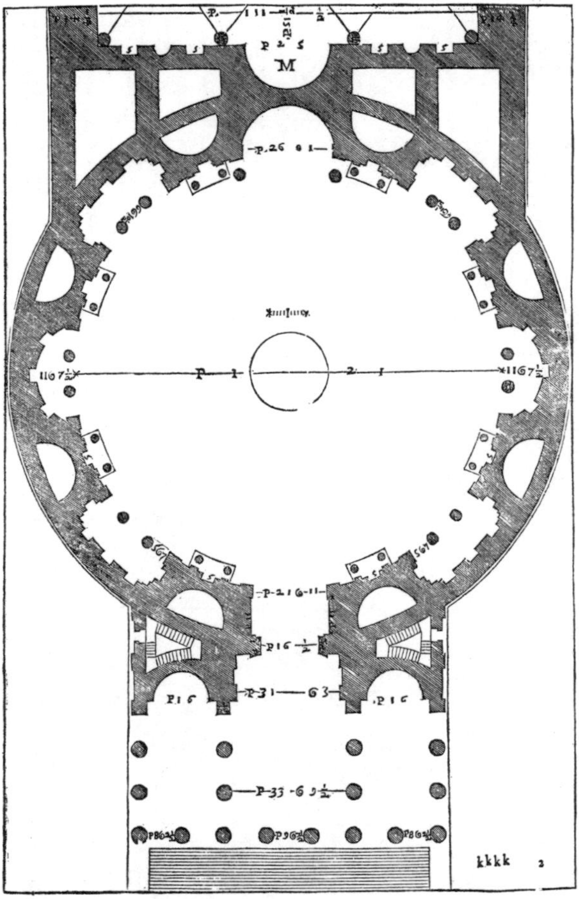

20 Rom, Pantheon, 119-125, Grundriss. Nach A. Palladio

Dieser Typus eines gigantischen Rundbaus hat keine Vorbilder in der griechischen Architektur. Er steht vielmehr in der Tradition altitalischer Heiligtümer. In die Außenwand des mächtigen Rundbaus sind in gleichen Abständen sieben Nischen eingelassen, anstelle einer achten (im Norden) liegt der Eingang, den man durch eine dreischiffige Vorhalle (Pronaos) betritt.

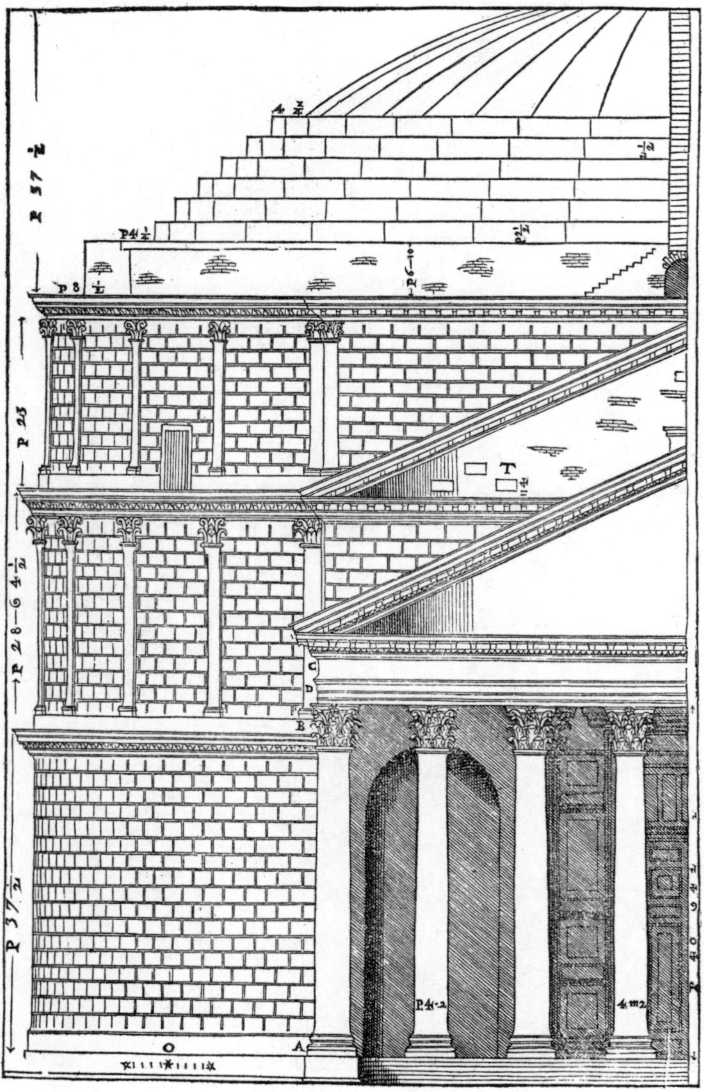

21 Rom, Pantheon, Front. Nach A. Palladio

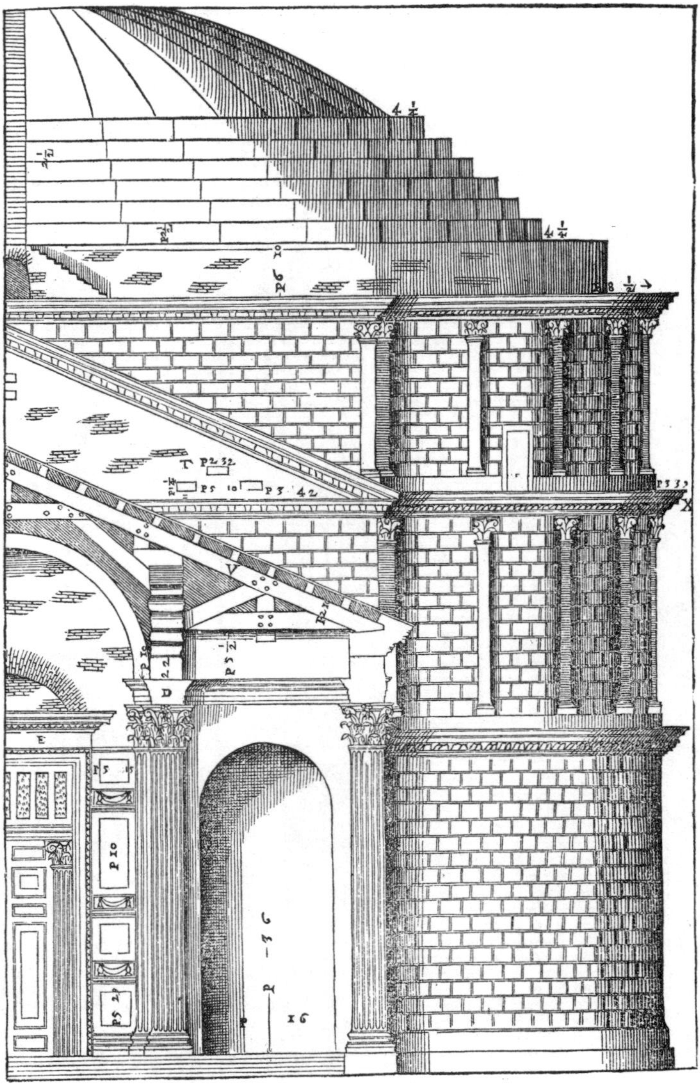

Vor dem überwölbten Rundbau liegt die dreischiffige Vorhalle mit 8 korinthischen Säulen aus Granit, die einen Dreiecksgiebel tragen, der die Mitte der Attika verdeckt.

22 Rom, Pantheon, Kassetten der Kuppel. Nach A. Palladio

Die Kassetten sind in fünf konzentrischen Ringen angeordnet. Jeder Ring enthält 28 Kassetten, die in die Tiefe abgetreppt sind.

Kleine Rundtempel sind uns bereits aus Griechenland bekannt (Toloi). Den gemauerten Kernbau, die Cella, umgibt ein frei stehender Säulenkranz.

Die Cella des hier vorgestellten Tempels auf dem Forum Boarium in Rom ist von einem Umgang mit 20 korinthischen Säulen umgeben.

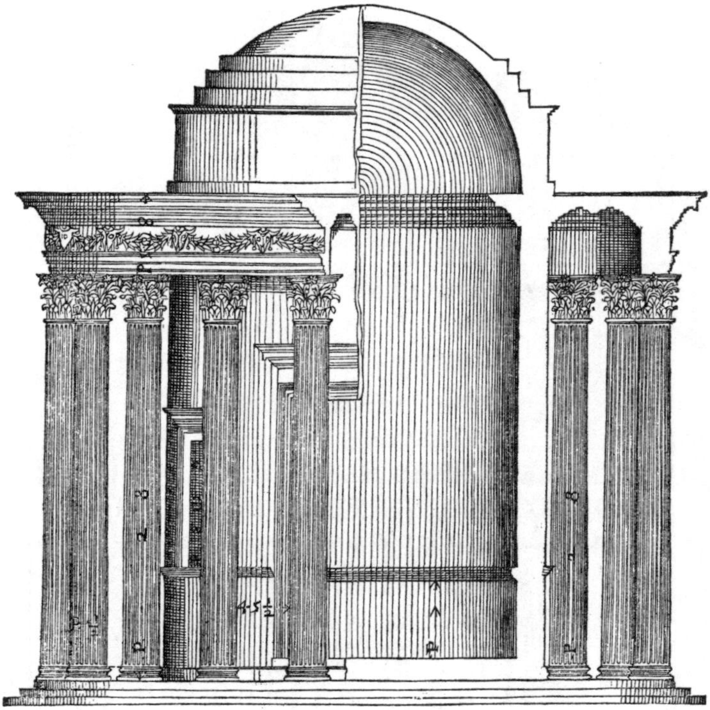

23 Rundtempel, Aufriss und Schnitt. Nach A. Palladio

Eine besondere Form des Rundtempels ist der Monopteros. Er besitzt keine Cella und hat die Gestalt einer offenen gedeckten Säulenhalle. Er sollte zum beliebten Requisit des Englischen („sentimentalischen") Gartens im 18. und 19. Jahrhundert werden.

24 Rom, Colosseum, 72-80. Radierung von G. B. Piranesi, 1756

Das Colosseum sollte vor allem durch die Gestaltung der Außenwand Inspirationsquelle neuzeitlicher Architekten werden: Das Erdgeschoss wird durch toskanische (= dorische), das erste Obergeschoss durch ionische und das darüber liegende durch korinthische Halbsäulen gegliedert. Diese Art der Gliederung der einzelnen Geschosse sollte von der Renaissance an kanonisch werden.

25 Rom, Konstantins-Bogen, 315 n. Chr.
Radierung von G. B. Piranesi, 1756

Dieser Typus des Ehrenbogens wurde von den Römern geschaffen. Der Triumphbogen ist frei stehend und hat eines oder drei Tore, von denen das mittlere höher ist als die beiden seitlichen. Mit Elementen der Tempelfassade entstand hier eine völlig neue Struktur. Der Mauer sind monumentale Halbsäulen vorgelegt, die das Gebälk tragen. Darüber liegen Dreiecksgiebel und Attika. Der römische Triumphbogen fand zahlreiche Nachahmungen in nachantiker Zeit, etwa mit dem Arc de Triomphe du Carroussel in Paris oder dem Siegestor in München.

26 Komposite („lateinische") Ordnung. Nach A. Palladio

Aus einer vielgliedrigen Basis wächst der kannelierte Säulenschaft.

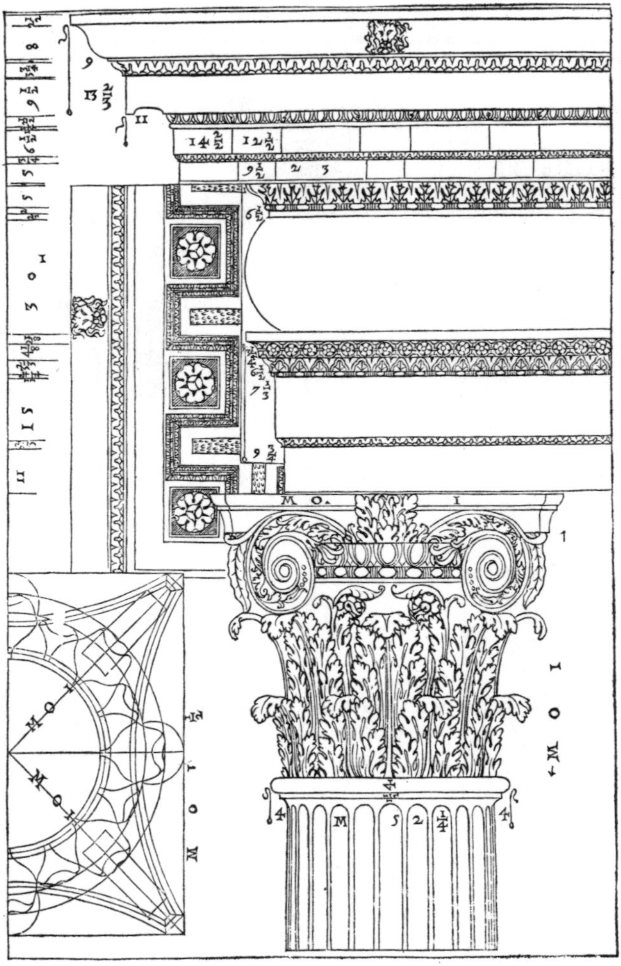

27 Komposites Kapitell. Nach A. Palladio

Das Kapitell ist eine Kombination aus ionischem und korinthischem Kapitell. Über zwei Reihen von Akanthusblättern liegt meist ein ionischer Eierstab, aus dem oben an beiden Seiten je eine große, nach unten eingerollte Volute wächst. Darüber liegt der Abakus.

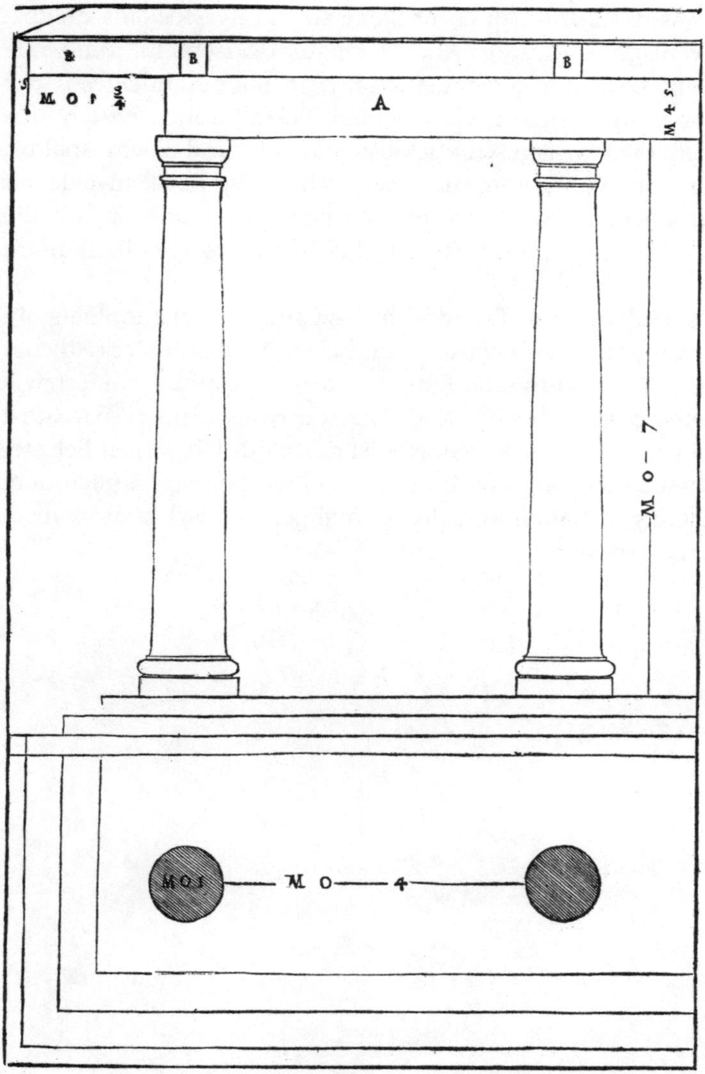

28 Toskanische Ordnung. Nach A. Palladio

Aus der dorischen entwickelte sich in der Toskana die toskanische Ordnung. Anders als die dorische hat die Säule eine Basis und einen glatten Schaft (ohne Kanneluren), der oben mit einem Ring abschließt. Das Kapitell besteht aus einem niedrigen schmucklosen Echinus und einem Abakus. In der Neuzeit wird die toskanische in der Regel anstelle der dorischen Säule eingesetzt. In Palladios Worten ist sie die „schlichteste und einfachste aller Ordnungen der Baukunst".

Nachdem unter Theodosius das Christentum zur Staatsreligion geworden war, wurden neben Neubauten christlicher Basiliken heidnische Tempel in Kirchen umfunktioniert, wie etwa das Pantheon in Rom. Dass die frühchristliche Baukunst an die römische anschließt, ist nur natürlich, schließlich stehen beide geografisch auf demselben Boden, nämlich dem heutigen Italien und den damaligen römischen Provinzen in Kleinasien.

Frühchristliche Baukunst

4. Jahrhundert bis um 600

In der Frühzeit des Christentums galt es vor allem, der jungen, beständig wachsenden Gemeinde Versammlungsplätze bereitzustellen. Diesem Zweck dienten zunächst Privathäuser, unter denen die Hauskirche von Dura Europos am Euphrat in Syrien (der damaligen römischen Provinz Syria Coele) das älteste erhaltene Monument dieser Art ist (232/233). Teile des Wohnhauses wurden in eine Kirche mit Baptisterium umfunktioniert.

Im Jahr 312 siegte der römische Kaiser Konstantin vor den Toren Roms über den Usurpator Maxentius und wurde damit zum Alleinherrscher über Westrom. Einer Legende zufolge war ihm vor der Schlacht über der Sonne das Christus-Monogramm mit den Worten: „in hoc signo vinces" erschienen. Im Jahr 313 gewährten Konstantin und Licinius (wie Konstantin einer der Tetrarchen des römischen Reichs) mit der sogenannten Mailänder Vereinbarung allgemein freie Religionsausübung, die also auch den Christen die Ausübung ihres Kults erlaubte. Obgleich sich Konstantin erst kurz vor seinem Tod taufen ließ, schien er doch die christliche Religion anderen Kulten, wie etwa denen der Isis, des Mithras oder des Hercules, vorzuziehen. Die neue Religion, wiewohl erst im Jahr 380 unter Theodosius I. zur Staatsreligion erhoben, wurde bereits jetzt zu einer mit kaiserlichem Anspruch, der sich in repräsentativen Sakralbauten verwirklichte. Es entstanden die ersten großen christlichen Basiliken, von Konstantin selbst initiiert: S. Pietro in Vaticano (die Peterskirche) und S. Giovanni in Laterano (die Lateransbasilika).

Die frühchristliche Basilika

Die ersten großen Kirchenbauten folgten dem Typus der Basilika. Es handelt sich um einen Longitudinalbau, der aus einem Mittelschiff und zwei, vier oder (seltener) sechs niedrigeren Seitenschiffen besteht. Das Mittelschiff erhält sein Licht durch eine Reihe von Fenstern im oberen Teil der Wand, der die Seitenschiffe überragt, dem „Obergaden" oder „Lichtgaden". Auch die Seitenschiffe sind mit Fenstern versehen.

Die Fenster sind entweder offen (auch mit Stoffbahnen verhängt) oder mit dünn geschliffenen Alabaster- oder Marmorscheiben (Transennen, s. S. 40) geschlossen.

Mittelschiff und Seitenschiffe sind durch Stützen (Säulen oder Pfeiler, oder auch Säulen und Pfeiler im Wechsel) getrennt, die ein durchgehendes Gebälk (Architrav) oder eine Bogenreihe (Archivolten) tragen. Den meist östlichen Abschluss bildet der Altarraum, an den sich eine im Grundriss halbrunde, quadratische oder rechteckige Apsis schließt. Unter dem Altarraum liegt die Krypta mit der Grabstätte eines Heiligen oder seiner Reliquien. Zwischen Langhaus und Altarraum liegt häufig ein Querhaus. Das Mittelschiff hat in der Frühzeit eine Flachdecke oder ist ungedeckt, sodass der Blick in den offenen Dachstuhl freigegeben wird. Die römische Technik der Wölbung greift erst das Mittelalter wieder auf, sofern es sich um Longitudinalbauten handelt. (Anders bei Zentralbauten, s. S. 44). Das Mittelschiff ist mit einem Satteldach gedeckt, die Seitenschiffe haben Pultdächer. Der Basilika sind eine gedeckte Vorhalle (Narthex) und ein von Kolonnaden umgebener offener Hof (Atrium) vorgelagert.

Als Vorbild gilt die römisch-heidnische Basilika, die Versammlungsplatz, Markthalle und Ort der Rechtsprechung war. Die betonte Längsausrichtung dürfte sich aber wesentlich aus der christlichen Liturgie erklären, insbesondere dem festlichen Einzug des Zelebrans und des Klerus vom Haupteingang zum Altar, dem symbolische Bedeutung zukam als Gleichnis für den Einzug Jesu in Jerusalem. Das dürfte auch der Grund dafür sein, dass sich der Zentralbau nicht auf Dauer durchsetzen konnte, sondern hauptsächlich anderen Aufgaben vorbehalten blieb, wie dem Ort der Taufe (dem Baptisterium) oder der Grabstätte (dem Memorialbau).

Das Baumaterial der frühen Sakralbauten stammt zu einem guten Teil aus älteren (heidnischen) Bauten. So sind in den meisten Bauten dieser Zeit Säulen, Kapitelle, ganze Architrave wiederverwendete Bauteile (sogenannte Spolien, vom lateinischen *spolium*, Raub, Beute). Der vornehmste (oft verlorene) Schmuck frühchristlicher Bauten sind Mosaiken, die Wände, Fußboden und Gewölbe bedecken.

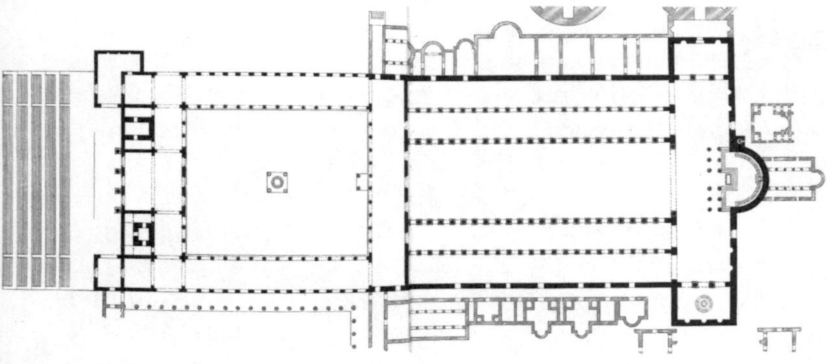

29 Alt-St. Peter, Rekonstruktion. Grundriss

Der Bau wurde am Ort der heutigen Peterskirche über der Stelle errichtet, wo sich auf einem ehemaligen Gräberfeld der Überlieferung zufolge das Grab des Apostels Petrus befindet, der im nahe gelegenen Zirkus des Nero den Märtyrertod gestorben sein soll. Um 600 ließ Papst Gregor I. eine Ringkrypta um das Grab anlegen, auf die man vom Kirchenschiff aus hinabblicken konnte („Confessio"), was der aktuellen Situation entspricht. Die Basilika musste 1506 einem Neubau weichen (s. S. 140). Der ursprüngliche Bau ist nur aus schriftlichen Quellen zu rekonstruieren.

Von Ost nach West (die Kirche ist nicht wie üblich geostet, sondern gewestet) folgen aufeinander ein offenes, von Säulengängen umgebenes Atrium mit einem Brunnen für die rituellen Waschungen in der Mitte, eine Vorhalle („Narthex"), das fünfschiffige Langhaus und das Querhaus, an das in der Mittelachse die Apsis über halbrundem Grundriss anschließt.

Die Längsausrichtung des Schiffs wurde betont durch die gleichförmige Aneinanderreihung von (viermal 23) insgesamt 92 Säulen, die einen durchgehenden Architrav trugen.

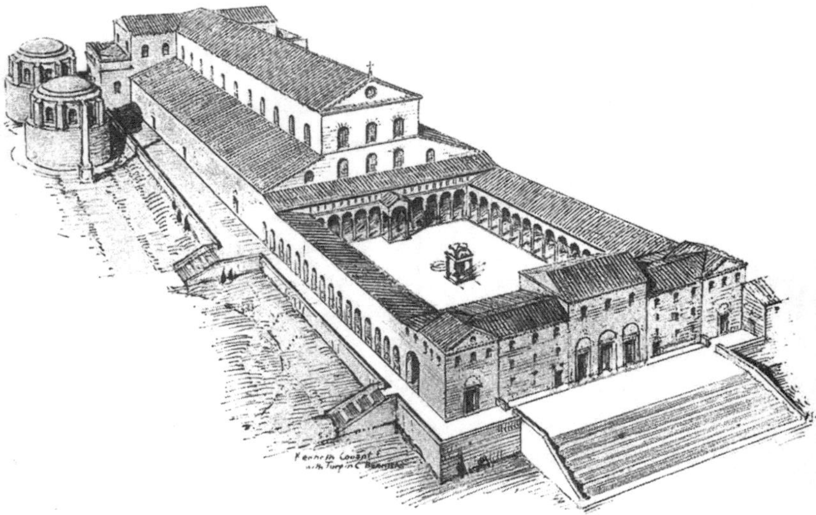

30 Alt-St. Peter, Rekonstruktion

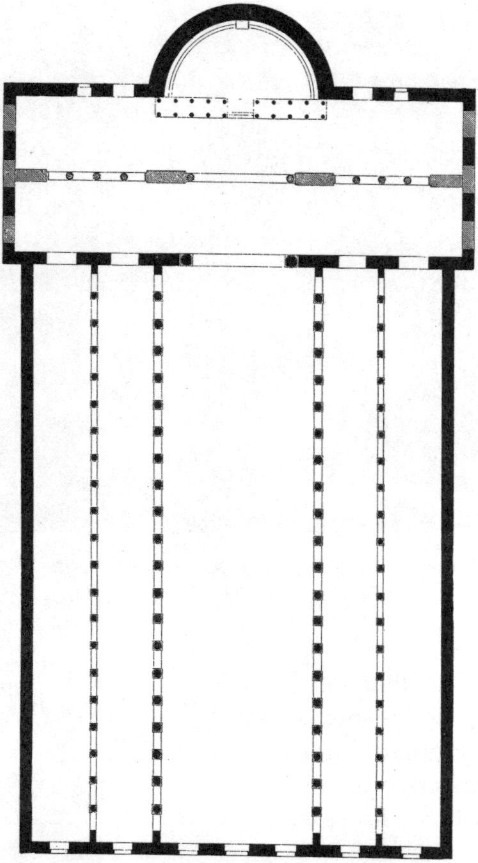

31 Rom, S. Paolo fuori le Mura, 342 geweiht

Dort, wo der Legende nach der Apostel Paulus begraben worden war, entstand zunächst eine Gedenkstätte („cella memoriae"), die Konstantin in eine kleine Basilika umformen ließ.

Unter Valentinian II., Theodosius und Arcadius wurde der Bau auf die heutigen Ausmaße erweitert. Es handelt sich um eine fünfschiffige Basilika mit Querhaus, an das in der Mittelachse unmittelbar eine halbrunde Apsis anschließt.

32 Rom, S. Paolo fuori le Mura vor dem Brand 1823. Radierung von G. B. Piranesi, 1756

Von dem alten Bau, der 1823 niederbrannte, blieben zwar nur das Querhaus und der Triumphbogen erhalten, er wurde jedoch im Wesentlichen originalgetreu wieder aufgebaut (Weihe 1854), sodass er heute einen angemessenen Raumeindruck frühchristlicher Basiliken vermittelt. Die einzelnen Schiffe sind durch je 20 Bögen tragende korinthische Säulen (die im Original kanneliert waren) voneinander getrennt. Ursprünglich schaute man in den offenen Dachstuhl.

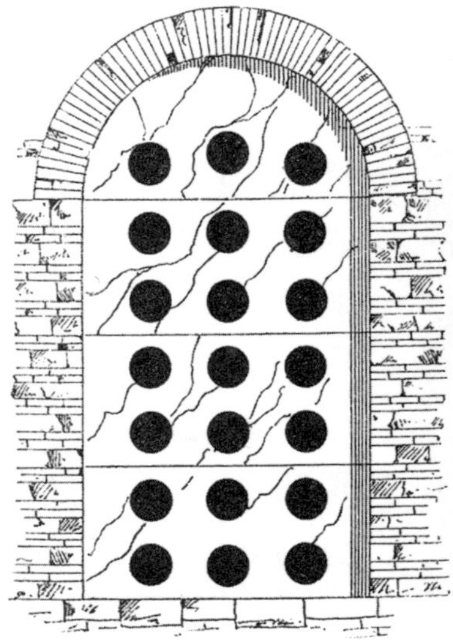

33 Transennen

Die Fensteröffnungen frühchristlicher Basiliken waren mit hauchdünnen, durchbrochenen, transluziden Marmor- oder Alabasterplatten verschlossen.

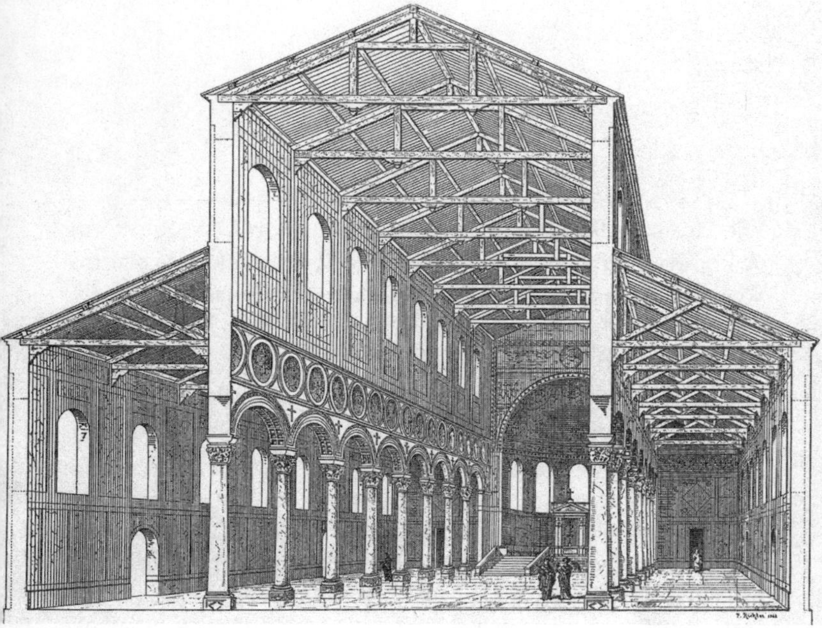

34 Ravenna, S. Apollinare in Classe, 549 geweiht. Perspektivschnitt

Obgleich es sich um eine dreischiffige Basilika handelt, hat man aufgrund der ungegliedert durchlaufenden Kolonnaden den Eindruck, in einer Halle zu stehen. Altarraum und Apsis liegen erhöht über der Krypta (s. S. 68) und sind über eine breite Treppe zu erreichen. Die ursprüngliche prächtige Ausstattung mit Wand- und Fußbodenmosaiken ist bis auf das Apsismosaik verloren.

35 Ravenna, S. Apollinare Nuovo, um 500. Nördliche Schiffswand

Die dreischiffige Basilika wurde von dem Ostgotenkönig Theoderich erbaut, der ab 491 als Stellvertreter des oströmischen Kaisers den Großteil Italiens kontrollierte. Die Kirche wurde über Jahrhunderte durch zahlreiche Um- und Anbauten verändert. Der Kern des Baus entspricht jedoch dem Originalzustand, und auch die eindrucksvollen Mosaiken der Schiffswände sind erhalten. Sie vermitteln einen authentischen Eindruck des vornehmsten Schmucks frühchristlicher Sakralbauten.

Über den hohen rundbogigen Arkaden des Erdgeschosses, deren Bögen von elf korinthischen Säulen getragen werden, liegt friesartig die relativ niedrige Schiffswand, deren Mosaiken die Prozession der 22 Jungfrauen (linke, nördliche Schiffswand) und der 26 Märtyrer (rechte Schiffswand) darstellen.

Die Mosaiktechnik hatte in der römischen Kunst höchste Verfeinerung und weite Verbreitung gefunden.

36 Aquileia, Dom, polychromes Fußbodenmosaik, 4. Jh.

Wie Wände und Gewölbe waren auch die Fußböden frühchristlicher Kirchen mit farbigen Inkrustationen bzw. Mosaiken geschmückt.

Frühchristliche Zentralbauten

Neben Basiliken entstanden auch Zentralbauten, die zunächst Gedenkstätten über Gräber christlicher Märtyrer waren, ähnlich den heidnischen Mausoleen (etwa dem des Hadrian - der Engelsburg, oder dem des Augustus, beide in Rom). Aber auch Baptisterien waren – funktional bedingt – Zentralbauten mit einem Taufbecken in der Mitte. Drei Typen an Zentralbauten sind zu unterscheiden: einfache Bauten über kreisförmigem Grundriss aus massivem, durch Wandnischen gegliederten Mauerwerk nach römischen Vorbildern (etwa dem Grabmal des Theoderich in Ravenna), solche mit einfachem Umgang (wie S. Costanza in Rom) und solche mit doppeltem Umgang (S. Stefano Rotondo in Rom).

Unter dem Einfluss orientalischer Bauten waren sie, anders als die Basiliken, mit Gewölben versehen.

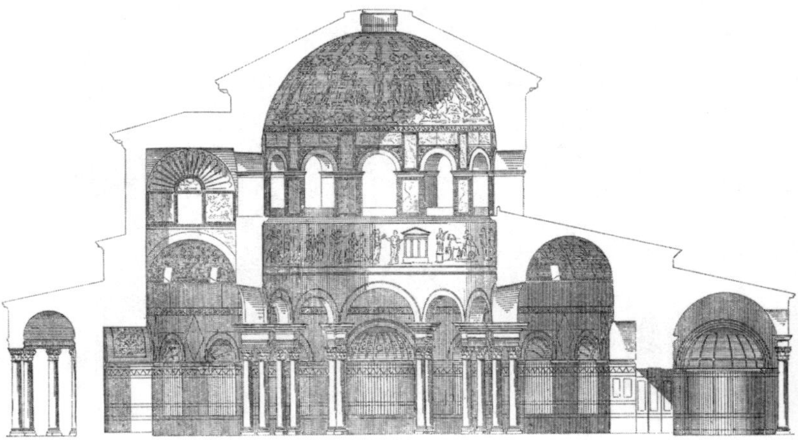

37 Rom, S. Costanza, um 330

Von Konstantin ursprünglich als Mausoleum für seine Tochter Constantia und deren Schwester Helena gebaut, diente es schon seit dem 6. Jahrhundert als Baptisterium.

Der Bau besteht aus einer Rotunde, die eine Kuppel mit hohem Tambour (dieser mit Rundbogenfenstern) trägt. Die Rotunde ist von einem tonnengewölbten Umgang umgeben.

Der zentrale Rundbau ist durch Arkaden mit Doppelsäulen (Spolien) vom Umgang getrennt.

Von der originalen Ausstattung sind einzig die Mosaiken des Umgangs erhalten geblieben. Die jedoch lassen etwas von der Pracht der ursprünglichen Ausstattung ahnen.

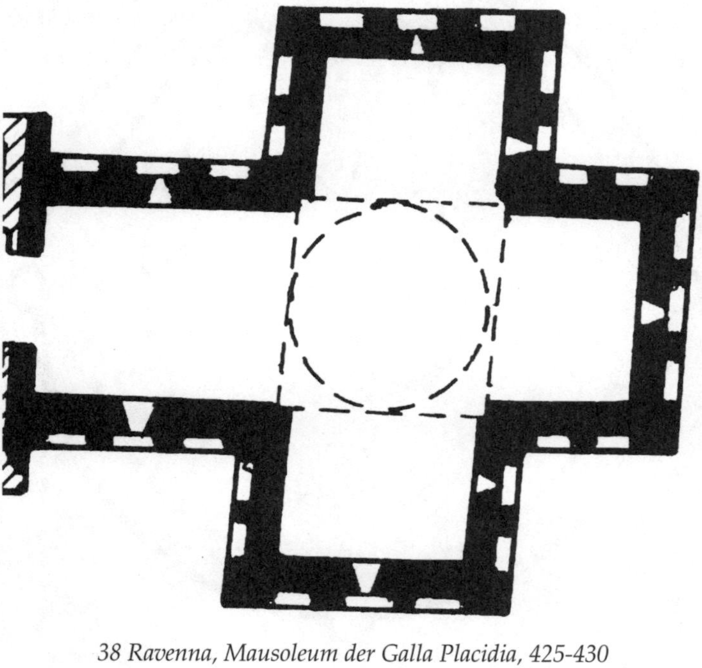

38 Ravenna, Mausoleum der Galla Placidia, 425-430

Eine besondere Form des Zentralbaus ist der Bau über griechischem Kreuz. Zwei gleichlange Kreuzarme schneiden einander in der Mitte im rechten Winkel und bilden so vier gleich lange Arme, deren Schnittstelle, die Vierung, überwölbt ist. Die Kreuzarme tragen Tonnengewölbe.

Das sogenannte Mausoleum der Galla Placidia wurde auf Geheiß der Kaiserin selbst gebaut (sie war hier allerdings wohl nie begraben). Bau wie Ausstattung sind im Originalzustand erhalten. Die Mosaiken, die Gewölbe und Teile der Wand bedecken, sind die ältesten vollständig erhaltenen Ravennas. Über der Vierung wölbt sich eine Pendantifkuppel, die Kreuzarme sind tonnengewölbt.

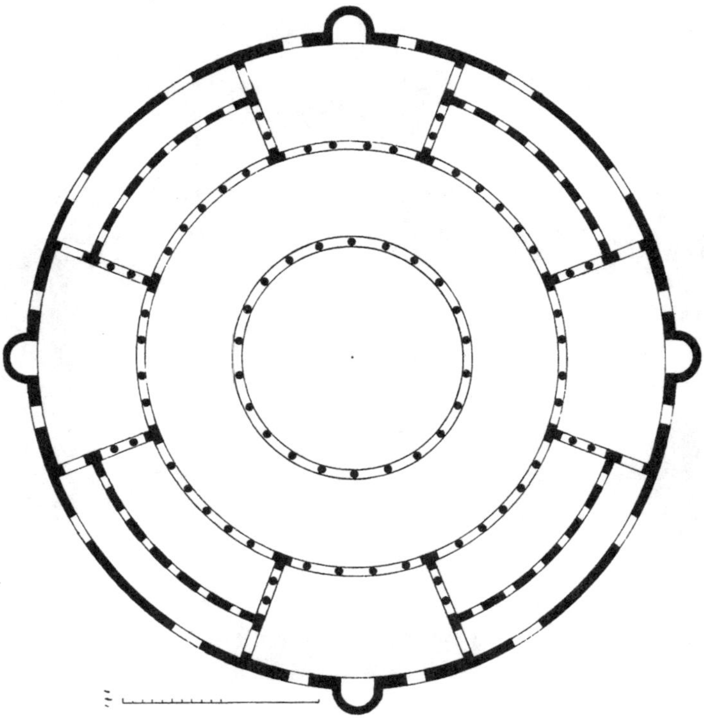

39 Rom, S. Stefano Rotondo al Celio, geweiht unter Papst Simplicius (468-483)

Dieser älteste Rundbau Roms hatte ursprünglich einen doppelten Säulenumgang, dessen äußerer von den Armen eines griechischen Kreuzes durchschnitten wurde.

Unter Papst Innozenz (1130-1143) wurden die Vorhalle und der heute innere Säulenkranz errichtet, der den ursprünglichen zylindrischen Kern ersetzte. Ursprünglich war der Innenraum mit Mosaiken und Marmorplatten verkleidet (520-30).

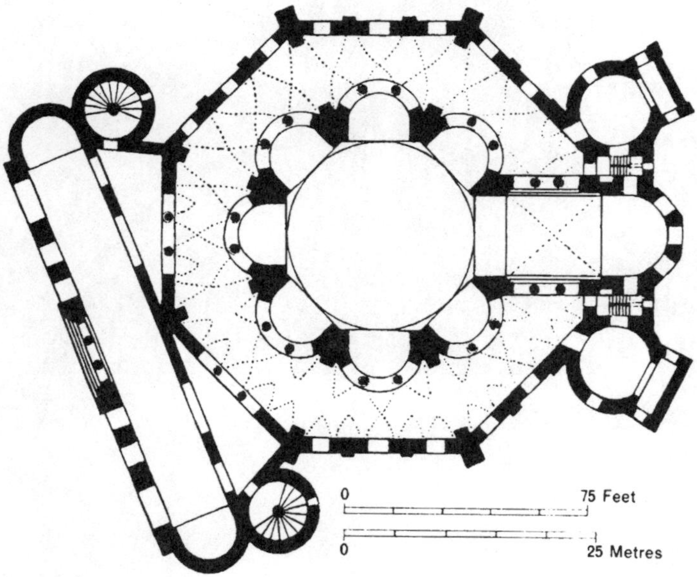

40 Ravenna, S. Vitale, 547. Grundriss

Den Grundriss bildet ein Oktogon mit Umgang, einem halbrund geschlossenen Altarraum im Osten und einer quer gelagerten Vorhalle im Westen (dem Versammlungsort der Gemeinde vor dem Gottesdienst).

An S. Vitale orientierte sich etwa 250 Jahre später der Architekt der Aachener Pfalzkapelle (s. S. 53).

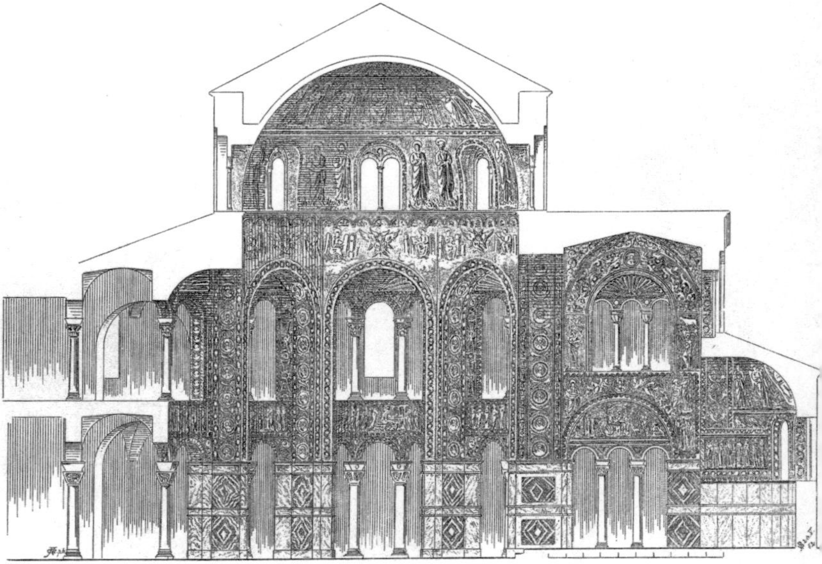

41 Ravenna, S. Vitale. Längsschnitt

42 Ravenna, S. Vitale, Kapitell mit geometrisch-vegetabilem Ornament

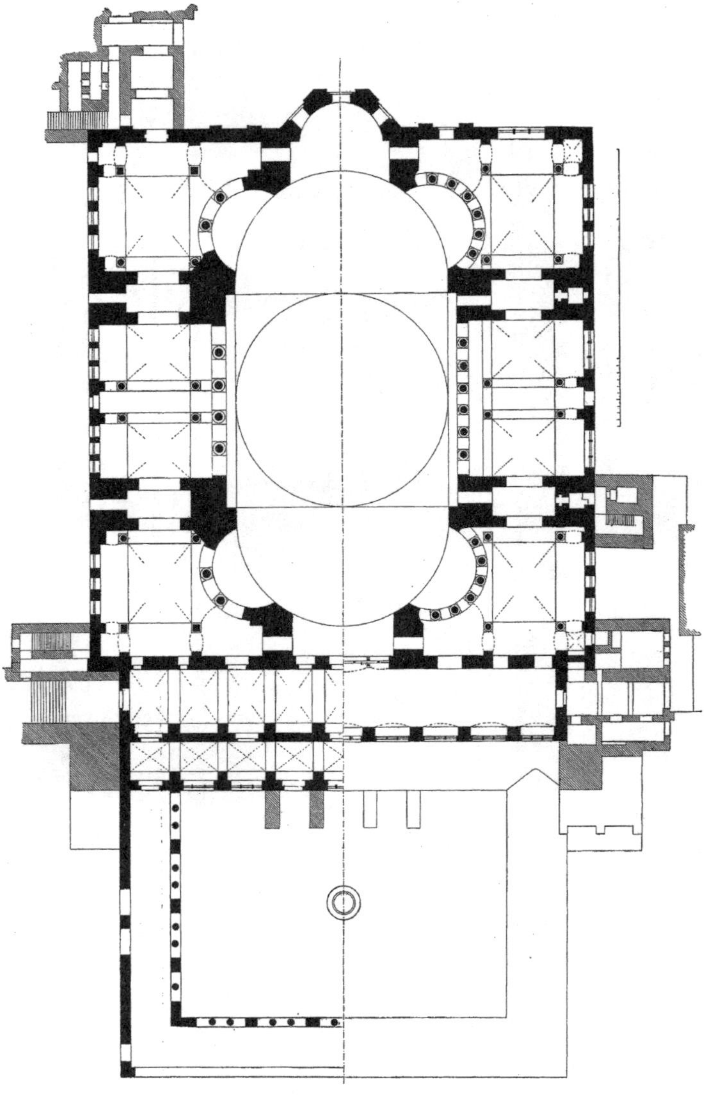

43 Istanbul, Hagia Sophia, 537 geweiht. Grundriss

Sie ist das bedeutendste Beispiel einer byzantinischen Kuppelbasilika. Der Bau stellt eine Kombination von Zentral- und Longitudinalbau dar.

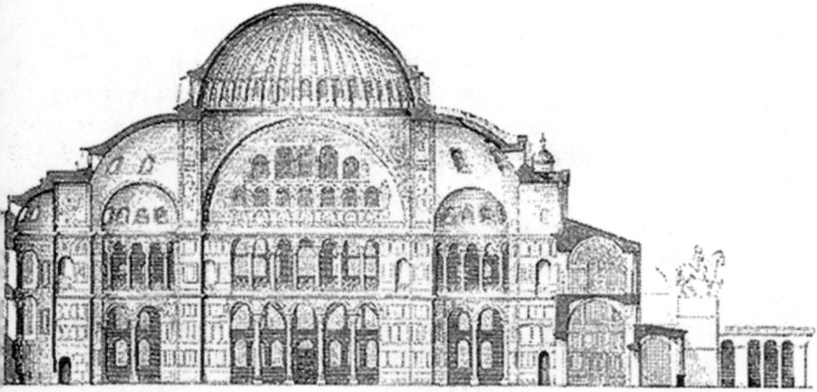

44 Istanbul, Hagia Sophia. Längsschnitt

Auf dem zentralen Raum ruht über nahezu quadratischem Grundriss eine mächtige Pendantifkuppel. Mit Halbkuppeln sind die in der Längsachse anschließenden Konchen gedeckt, an die wiederum diagonal kuppelgedeckte Nischen als Widerlager angrenzen. Durch die Vielzahl an Fenstern wirkt der Raum wie von Licht durchflutet. Allein in die zentrale Kuppel sind 49 Fenster (je eines zwischen zwei Gewölbespanten) eingefügt, die durch den geringen Abstand zueinander wie ein Lichtkranz erscheinen.

Kuppelbauten blieben für die nächsten Jahrhunderte auf das oströmische Reich (Byzanz) und Kleinasien beschränkt. Im Westen entstehen die ersten eingewölbten Bauten erst wieder mit den aquitanischen Kuppelkirchen des 12. Jahrhunderts (s. S. 82).

Gegen Ende des 6. Jahrhunderts hatte der frühchristliche Kirchenbau seine Blütezeit hinter sich.

Karolingische Bauten

Um 750-1000

Auf die Blüte frühchristlicher Sakralarchitektur folgt eine Zäsur. Bis in die Zeit Karls des Großen haben kaum Denkmäler überlebt. Aufgrund der im Norden üblichen Holzbauweise waren verheerende Brände während des ganzen Mittelalters und darüber hinaus an der Tagesordnung.

Aus karolingischer Zeit sind fast ausschließlich Sakralbauten erhalten. Feste Residenzen der weltlichen Herrscher gab es in jener Zeit nicht, lediglich Pfalzen. Kaiser und Könige waren – anders als im Zeitalter der Massenmedien – gezwungen sich zu bewegen, um ihren Untertanen Präsenz zu zeigen. Unter Karl dem Großen entstand im gesamten Reich ein dichtes Netz solcher Pfalzen.

Die Kirche war in einer vorteilhafteren Lage. Durch einen immer weiter ausgebauten Reliquienkult und die Errichtung zahlloser Kirchen zog sie Scharen von Pilgern an.

Dabei ist jedoch nicht das Mönchtum zu vergessen. Mönche waren im ganzen heidnischen Europa in christlicher Mission unterwegs. In Ägypten waren die ersten (koptischen) Klöster entstanden, deren Mönche wie Einsiedler in Hütten und Höhlen lebten, sich jedoch in gemeinsamen Gotteshäusern versammelten. Mit Benedikt von Nursia und seiner Klostergründung Montecassino im Jahr 529 wurde der Grund für das heutige abendländische Mönchtum gelegt. Irische Klöster erlebten im 6. und 7. Jh. ihre Blüte. Von Irland wanderten Missionare nach Schottland, Frankreich, Italien, Deutschland (Gründung des Bistums Würzburg durch Bonifatius) und in die Schweiz (Klostergründung St. Gallen, 719/20). Reste von Steinhütten und Gemeinschaftsgebäuden der Mönche finden sich noch in Irland und England (Cornwall). Die ersten Kirchenbauten folgten dem Schema der frühchristlichen Vorbilder, wie der Peterskirche oder S. Paolo fuori le Mura in Rom.

Unter Karl dem Großen, im Jahr 800 in Rom zum Kaiser gekrönt, entstehen die ersten nennenswerten Monumentalbauten. Karls Idee einer Wiederbelebung des römischen Reichs aus christlichem Geist schlägt sich auch im Baustil nieder, dessen Vorbilder in Italien liegen.

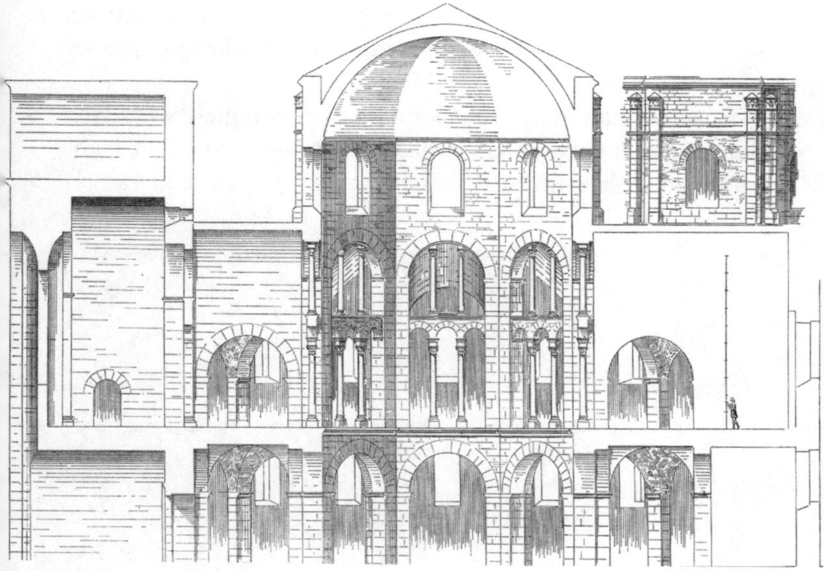

45 Aachen, ehemals Pfalzkapelle (heute Aachener Münster/Dom), 793/794

Aus karolingischer Zeit ist das Oktogon – nach dem Vorbild von S. Vitale in Ravenna (s. S. 47 f.) – erhalten. Es ist mit einem achteckigen Klostergewölbe über achteckigem Tambour gedeckt, der sechzehnseitige Umgang mit Kreuzgratgewölben.

Während in S. Vitale ein lichter, hallenartiger Raumeindruck herrscht, kommt in dem karolingischen Bau auch die Masse der Wand zur Geltung, die den zentralen Raum des Oktogons klar gegen den Umgang abgrenzt. Im Erdgeschoss tragen acht massive Pfeiler leicht gestelzte Rundbögen, die hohen rundbogigen Öffnungen des Obergeschosses sind horizontal unterteilt; deren unterer Teil wird jeweils durch zwei schlanke Säulen mit korinthischen Kapitellen gegliedert, der obere wiederum durch je zwei schlanke korinthische Säulen – antike Spolien. So holte man sich nicht nur die Idee, sondern auch das Baumaterial aus Italien.

Das Obergeschoss hebt sich in seiner (seinem Vorbild S. Vitale entsprechenden) grazilen Erscheinung jedoch deutlich vom wandbetonten, massiven Charakter des Erdgeschosses ab.

So kann man in der Pfalzkapelle ein Bindeglied zwischen den frühchristlichen Kirchenbauten Italiens und den frühmittelalterlichen im Norden sehen.

46 Lorsch, Torhalle („Königshalle") des ehemaligen Klosters, um 800

Der Bau orientiert sich augenfällig an römischer Baukunst, indem er die Idee des römischen Triumphbogens aufgreift und römische Formen für Stützen und Kapitelle verwendet.

Das offene Erdgeschoss hat drei Bogendurchgänge, darüber liegt eine geschlossene Halle. Die halbrunden Bögen im Erdgeschoss lasten auf Pfeilern, denen Halbsäulen mit antikisierenden Kompositkapitellen vorgelegt sind. Diese tragen ein durchgehendes Gebälk, auf dem kannelierte Pilaster mit ionischem Kapitell stehen.

Völlig eigenständig sind die Ornamentierung der Wand durch ein flächiges Muster aus rotem und weißem Sandstein (rechteckige senkrechte, quadratische auf die Spitze gestellte Felder im Erdgeschoss, wabenförmige im Obergeschoss) und das überdimensionale Zackenmotiv über den Pilastern des Obergeschosses, das aus dem Fachwerkbau abgeleitet scheint. Nordische und klassische Motive sind hier auf elegante Art kombiniert.

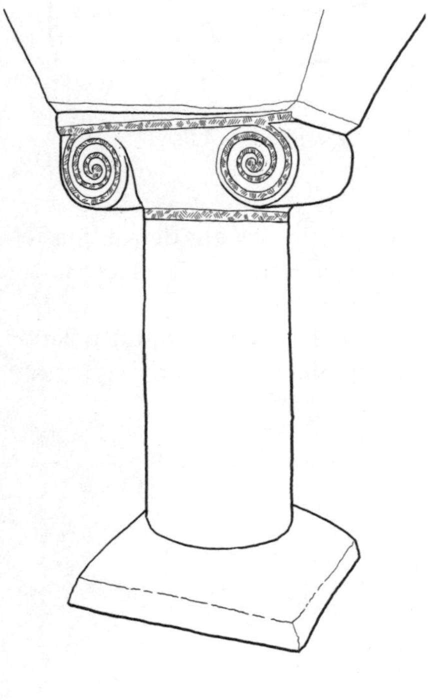

47 Fulda, Michaelskirche. Mittelsäule der Krypta, 820-822

Das derbe Kapitell mit den mächtigen Voluten orientiert sich am antiken ionischen Kapitell, ohne dessen Proportionen und weitere Details zu übernehmen.

48 S. Pedro de la Nave, Kapitell, 7. Jh.

Die Gestaltung der Kapitelle mit Szenen aus dem Alten Testament und den mächtigen ornamentierten Kämpfern lassen byzantinische Vorbilder erkennen.

Die asturische gilt als Vorläuferin der romanischen Bauornamentik („asturische Präromanik").

49 Centula bei Abbeville, Basilika St. Riquier, 790-799. Schematische Rekonstruktion

Dieser Bau von epochaler Bedeutung ist zwar verloren, kann aber aufgrund einer Zeichnung des 12. Jahrhunderts rekonstruiert werden. Im Gegensatz zu frühchristlichen Sakralbauten weist er zum ersten Mal ein gestalterisches architektonisches Gesamtkonzept auf, das für die nächsten Jahrhunderte Gültigkeit behalten sollte. Es handelt sich um eine dreischiffige Basilika mit je einem wenig ausgeschiedenen Querhaus im Osten und im Westen. An das östliche Querhaus schließt ein Chor und an diesen eine Apsis über halbrundem Grundriss an. Den westlichen Abschluss bildet über einer (vermutlich eingewölbten) Eingangshalle eine zum Mittelschiff hin offene Kapelle. Nach außen erscheint dieses „Westwerk" als hoher geschlossener Block mit zwei flankierenden runden Treppentürmen. Zwei gleiche Türme flankieren im Osten den Chorraum. Über jeder Vierung erhebt sich ein mehrgeschossiger Vierungsturm.

Romanik

Um 1000-1200

Die großen Neuerungen, die das Erscheinungsbild romanischer Basiliken bestimmen sollten, vollzogen sich gegen die Jahrtausendwende. Doppelchörigkeit, Vierungstürme und die flankierenden Treppentürme der karolingischen Zeit wurden beibehalten, neu aber war nun der Einschub eines längeren Chorraums zwischen Querhaus und Apsis. Etwa ein Jahrhundert nach dem Bau der Basilika St. Riquier (s. S. 56) trat eine weitere epochemachende Neuerung hinzu: eine völlig neue Gestaltung des östlichen Abschlusses. Damit wurde ein Problem gelöst, das vor allem die Klosterkirchen betraf. Bedingt durch das stetige Wachstum der Klöster stieg der Bedarf an Altären, da jeder Geistliche täglich eine Messe zu zelebrieren hatte. Dieses bereits lange bestehende Problem hatte man bislang ohne strikt strukturelles System behandelt. Die Altäre waren über den gesamten Kirchenraum verteilt, wie es etwa dem Idealplan des Klosters St. Gallen abzulesen ist.

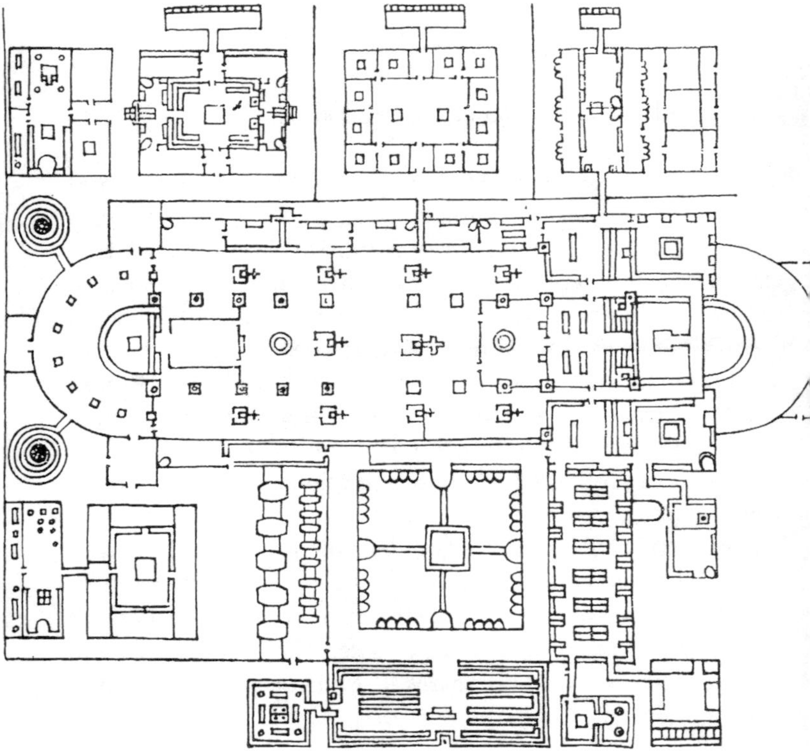

50 St. Gallen, Idealplan des Klosters, um 820

Die Altäre stehen über den ganzen Innenraum verteilt.

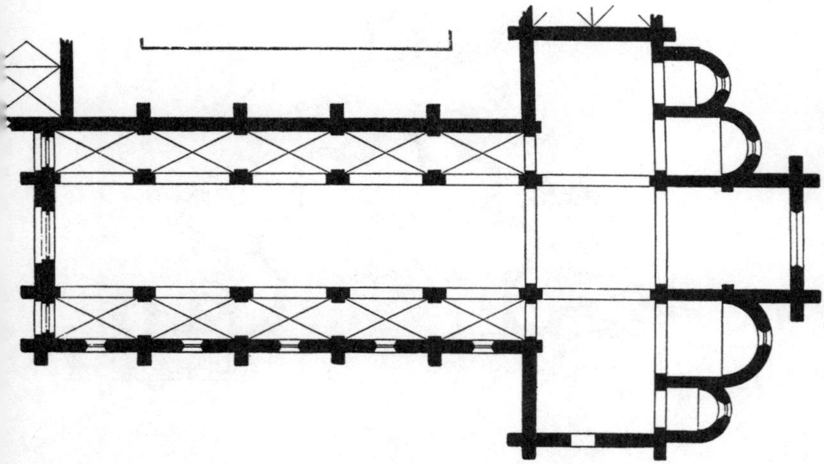

51 Cernay-la-Ville, ehemalige Abtei Vaux-le-Cernay, begonnen um 1135. Heute Ruine

Eine Möglichkeit, das Problem der Häufung von Altären zu lösen, bot der Staffelchor. Der Hauptchor mit Apsis wird von je zwei parallel liegenden Nebenchören mit gestaffelter Tiefe begleitet.

52 Tours, St. Martin, begonnen 997. Grundriss des Chors

Mit dem Bau von St. Martin in Tours wurde ein völlig neues Konzept verwirklicht: Die Altäre sind hier in radial angeordneten Kapellen untergebracht, die um die Hauptapsis gruppiert sind.

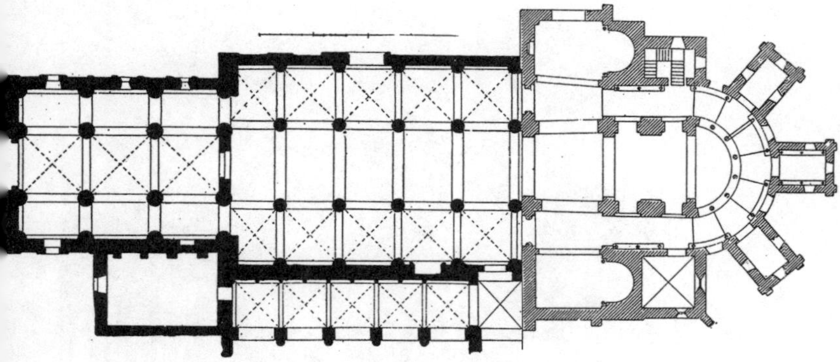

53 Tournus, St. Philibert, um 1000-1019. Grundriss

Eine Neuerung der Fassadengestaltung bedeutet der Bau von St. Philibert in Tournus. Wie eine Trutzburg wirkt der westliche Abschluss der Basilika, der – zum ersten Mal – von zwei Türmen bzw. zwei Turmstümpfen flankiert wird (der Nordturm wurde erst 1150 erhöht), die in der Fläche bündig mit der Fassadenwand abschließen.

Dieser Typus geht im Kern möglicherweise auf frühchristliche Bauten in Syrien zurück, etwa die Basilika in Turmanin aus dem 6. Jahrhundert (heute nur noch in Resten erhalten), deren Fassade von niedrigen turmähnlichen Bauten flankiert wird.

54 Tournus, St. Philibert, um 1000-1019.
Lithographie (Ausschnitt), gegen 1825

Zu Beginn des zweiten Jahrtausends entwickelt sich von der Lombardei ausgehend ein neues Schmucksystem mit Lisenen und Blendbogenfriesen. Damals waren Steinmetze aus der Lombardei in ganz Europa gefragt und beschäftigt.

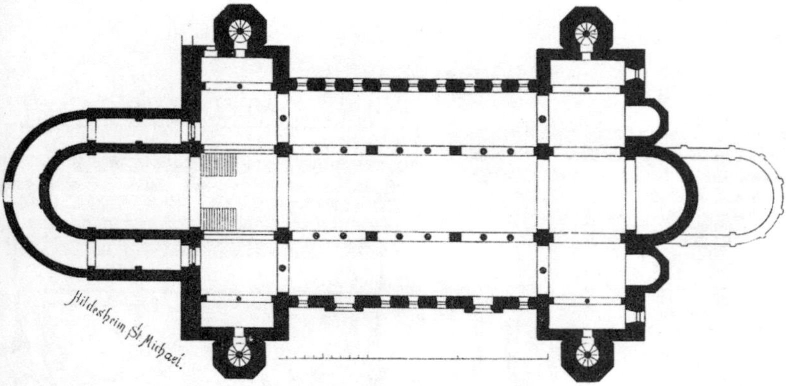

55 Hildesheim, St. Michael, 1010-1033

Es handelt sich um eine dreischiffige, doppelchörige Basilika mit je einem Querhaus im Osten und Westen und abschließenden Apsiden. Zwischen westliches Querhaus und Apsis ist ein Chor eingefügt. Unter dem Westchor liegt eine Krypta (Grablege von Bernward von Hildesheim).

Hatte der neue Stil sich bereits vor allem im Neubau von St. Philibert in Tournus und – in Deutschland – dem von St. Cyriakus in Gernrode (ab 961; im Originalzustand nicht erhalten) angekündigt, findet er in St. Michael seinen ersten Höhepunkt. Der Typus der dreischiffigen, doppelchörigen Basilika mit Querhäusern sollte in Deutschland für die nächsten zwei Jahrhunderte gültig bleiben. Grund- und Aufriss zeigen zum ersten Mal einen baulichen Entwurf, der durch seine kalkulierten Proportionen ein einheitliches Konzept darstellt: Die Vierung bildet im Grundriss ein Quadrat, das Mittelschiff addiert sich aus drei Quadraten von etwa denselben Abmessungen wie denen der Vierung (gebundenes System). Diese Gliederung wird auch im Aufriss durch den

Wechsel von Pfeiler und Säulen („niedersächsischer Stützenwechsel") sichtbar; jeder Abschnitt ist durch einen Pfeiler markiert, auf den zwei Säulen folgen.

Die niedrigen quadratischen Vierungstürme im Osten wie im Westen sorgen für ein ausgewogenes Bild der äußeren Erscheinung.

56 Kapitellformen der Frühromanik:
Hildesheim, St. Michael, Würfelkapitell (links)
Paulinzella, Schildkapitell (rechts)

Das Würfelkapitell (*links*), das in St. Michael zum ersten Mal in Erscheinung tritt, wird zur charakteristischen Kapitellform der frühen Romanik. Stereometrisch handelt es sich um die Durchdringung von Kugel und Würfel. Der Übergang von der im Grundriss runden Säule zur eckigen (quadratischen) Bogenbasis gelingt hier auf einfache und klare Weise.

Eine Variante des Würfelkapitells ist das (lombardische) Schildkapitell (*rechts*).

57 Romanische Säulenformen:
Knotensäulen, gedrehte Säule, Schuppensäule

58 Speyer, Dom, Krypta, 1041

Unter den Armen des Querschiffs und unter der Vierung liegt je ein quadratischer Raum, an deren mittleren sich ein weiterer, unter Chor und Apsis, anschließt.

In der Romanik erlebt die Krypta ihre Blütezeit. Krypten wurden bereits in frühchristlicher Zeit gebaut, sie bildeten sogar den Ursprung und Kern christlicher Basiliken (z.B. Alt-St. Peter, S. 37 f., S. Paolo fuori le Mura, S. 40), die über dem Grab von Märtyrern errichtet wurden. Solche Grabstätten wurden bald mit einem Umgang versehen, der schließlich durch Außenkrypten erweitert wurde. Häufig hat eine Krypta beträchtliche Ausmaße und kann geradezu zu einer Unterkirche werden. Durch die Kombination von Ring- und Außenkrypta entstanden mehrschiffige Hallenkrypten. Ihre Höhe bedingt im Kirchenschiff einen hoch gelegenen Chor, der über Treppen erreichbar ist.

Als es in gotischer Zeit üblich wurde, Reliquien von Heiligen in kostbaren Schreinen zu bergen und diese öffentlich zur Schau zu stellen (s. S. 109), erübrigte sich der Bau von Krypten.

59 Abteykirche Cluny, sog. Cluny III,
1089 begonnen, 1095 Weihe des Hauptaltars

Die Rekonstruktion zeigt Cluny III von Nordosten gesehen. In der französischen Revolution wurde das Gotteshaus bis auf Reste eines der Querhäuser völlig zerstört.

Es entstand an der Stelle, an der bereits zwei Vorgängerbauten standen, von denen der zweite (981) den ersten stufenförmig angelegten Chor und eine Flachdecke besaß.

Die Benediktiner-Abtei Cluny war Ort einer bedeutenden Reform, die im Wesentlichen nach dem sogenannten dunklen Jahrhundert der Kirche eine neue Vertiefung des Glaubens im Sinn hatte und der Liturgie eine besondere Bedeutung beimaß. Sie war auch Vorbild für ähnliche Reformbewegungen, in Deutschland z.B. die Hirsauer Schule.

Der (im Rückgriff auf frühchristliche Basiliken) fünfschiffige Bau mit Gewölben hat zwei dem Chor im Osten vorgelagerte Querhäuser mit achteckigen Vierungstürmen (das östliche mit kürzeren Armen und kleinerem Vierungsturm) und Türmen über den Armen des breiteren Querhauses, einen Chor mit halbrunder Apsis und Umgang mit fünf radial angeordneten Kapellen über halbkreisförmigem Grundriss. Auch die Querschiffe sind mit Apsiden versehen. Den westlichen Abschluss bildet eine Zweiturmfassade.

Das ganzheitliche Konzept dieses reich gegliederten Baus offenbart sich besonders aus der Sicht von Osten. Doch durch die außerordentliche Vielgliedrigkeit des Ostteils entsteht ein Ungleichgewicht im Verhältnis zum westlichen Teil.

60 Pavia, S. Pietro, Figurenkapitell

Ein mit Pfeil und Bogen bewaffneter Kentaur und der geflügelte Pegasus bezeugen, wie sehr auch dem Mittelalter die antiken Mythen im Gedächtnis waren. Der Schmuck romanischer Kirchen konzentriert sich vor allem auf die fantasievolle Ausgestaltung der Kapitelle (vgl. S. 56).

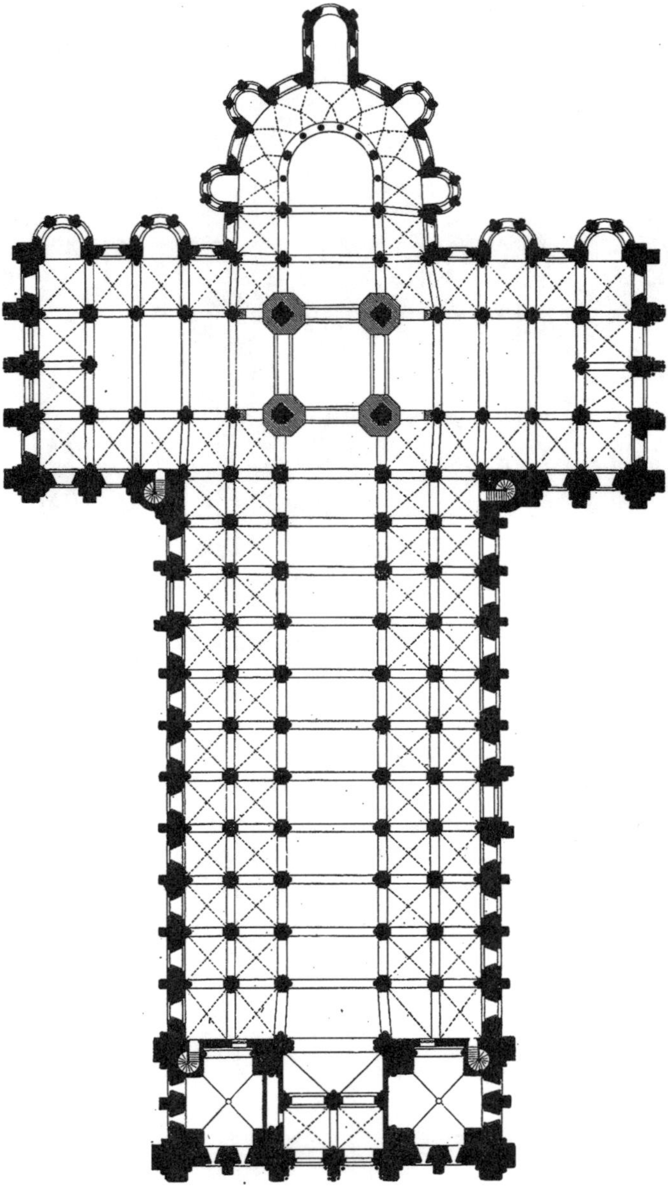

61 Toulouse, St. Sernin, um 1080-1119. Grundriss

St. Sernin ist eine charakteristische Pilgerkirche an einer der großen französischen Pilgerstraßen (der via tolosana) nach Santiago de Compostela, wo sich der Legende nach das Grab des Apostels Jakobus befindet und das seit dem späten 11. Jh. ähnlich gewichtige Bedeutung hatte wie die Pilgerziele im Heiligen Land. Der fünfschiffige Bau von St. Sernin (die Kathedrale von Santiago dagegen ist dreischiffig) hat ein dreischiffiges Querhaus, einen Chor mit Umgang und fünf radial angeordneten Apsiden. Je zwei Apsiden befinden sich an den Ostseiten der Querschiffarme.

62 Toulouse, St. Sernin. Innenansicht

Das betont hohe und schmale Mittelschiff ist mit einem Tonnengewölbe gedeckt, dessen unterlegte Gurtbögen den Gewölbeschub auf die vom Boden aufwachsenden Dienste übertragen (vgl. S. 74). Das Untergeschoss besteht aus Pfeilerarkaden, die Vierung ist mit einer Trompenkuppel gedeckt. Mit Tonnen eingewölbt sind auch die Madeleine in Vézelay und St. Savin sur Gartempe, beide aus dem frühen 12. Jahrhundert.

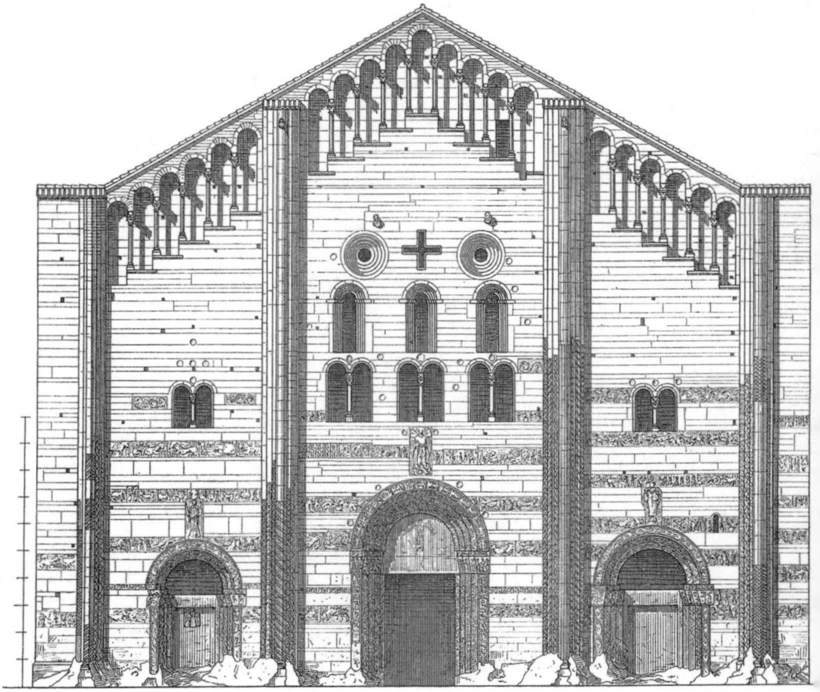

63 Pavia, S. Michele, frühes 12. Jh.

Die (oft begehbare) Zwerggalerie, die ihren Ursprung in der Lombardei hat, ist ein charakteristisches Ziermotiv romanischer Sakralbauten, insbesondere in Norditalien und entlang des Rheins, wie etwa am Dom zu Speyer. Sie verläuft in der Regel dicht unter dem Dachansatz.

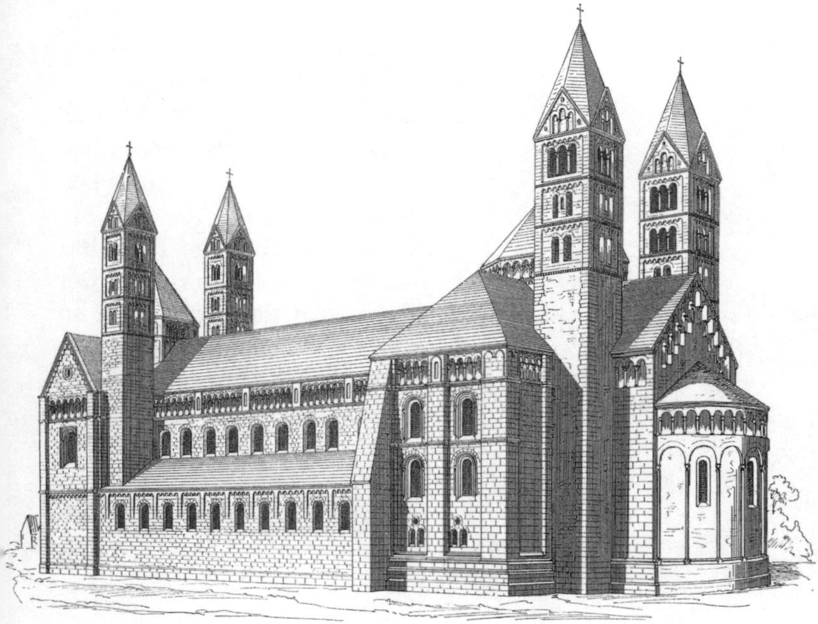

64 Speyer, Dom, um 1025-1061

Der Dom zu Speyer ist der erste eingewölbte Monumentalbau nördlich der Alpen seit römischer Zeit. Noch sein Vorgängerbau hatte eine Flachdecke. Das Äußere weist die charakteristischen Merkmale romanischer Bauten auf: die – hier den gesamten Bau umgebende – Zwerggalerie, die Wand der Apsis ist durch Lisenen und Blendbögen gegliedert.

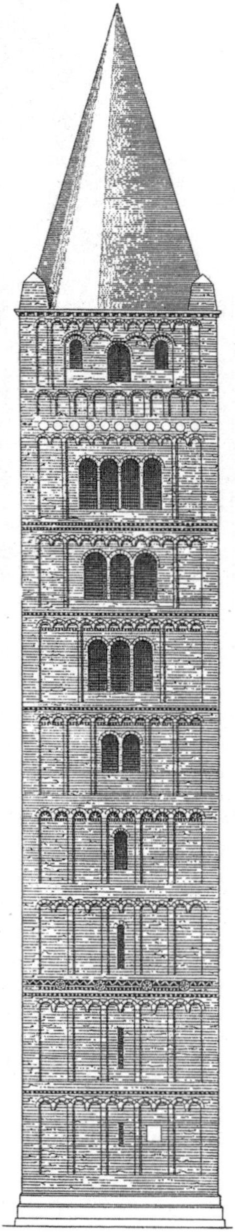

Im Unterschied zu den romanischen Bauten nördlich der Alpen, wo Glockentürme mit einigen Ausnahmen in den Bau integriert sind, steht der Campanile (vermutlich seit dem 9. Jahrhundert) in Italien isoliert.

Der neungeschossige Turm der Abteikirche von Pomposa mit der nach oben zunehmenden Zahl an Fensteröffnungen hat einen kegelförmigen Helm und ist durch Lisenen und Blendbögen gegliedert.

65 Pomposa, Campanile der ehemaligen Abteikirche, 1063

66 Pisa, Campanile („schiefer Turm"), begonnen 1173

Über dem soliden Erdgeschoss mit Blendarkaden erhebt sich der zylindrische sechsgeschossige Turm. Dessen Kern wird von einer offenen, über Stufen begehbaren Kolonnade umgeben, die spiralig vom Sockel zur Glockenstube aufsteigt. – Die Neigung entstand während des Baus durch einen Grundbruch.

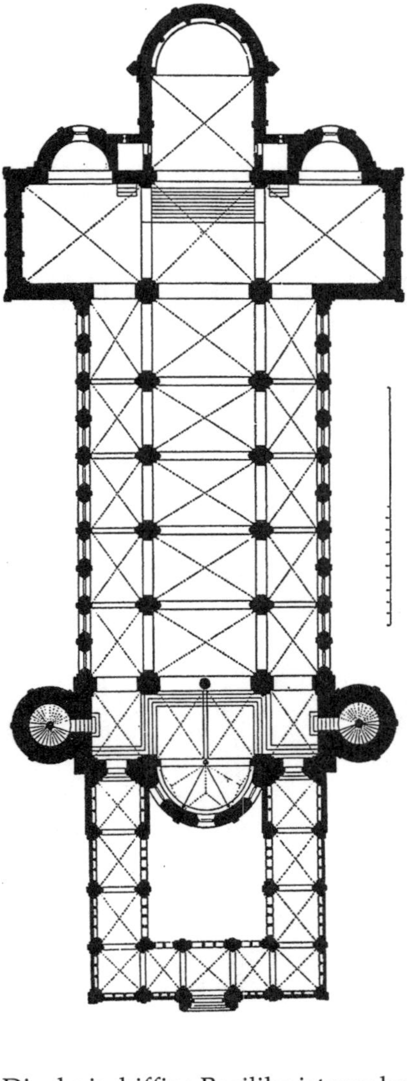

67 Maria Laach, Abteikirche, 1093-1216. Grundriss

Die dreischiffige Basilika ist von besonderer Bedeutung zum einen, weil sie das Konzept eines romanischen Sakralbaus in reinster und reifster Form veranschaulicht, zum anderen, weil sie nicht wie üblich im Laufe der Jahrhunderte durch Um- und Anbauten verändert wurde.

68 Maria Laach, Abteikirche. Ostseite

Der Außenbau bildet ein harmonisches Ensemble klar definierter Baukörper, die sich vor allem in der Sicht von Osten als wohlproportionierte Einheit präsentieren.

Vor dem Eingang im Westen liegt ein Vorhof (das sogenannte Paradies, das allerdings erst 1225-35 hinzugefügt wurde), der von einer niedrigen doppelsäuligen Kolonnade umgeben ist. Dahinter erhebt sich der mächtige Westbau mit

Apsis, dem rechteckigen Vierungsturm und Rundtürmen an den Stirnseiten der Querschiffarme. Der Schmuck beschränkt sich auf Lisenen und Blendbögen unterhalb der Dachtraufen.

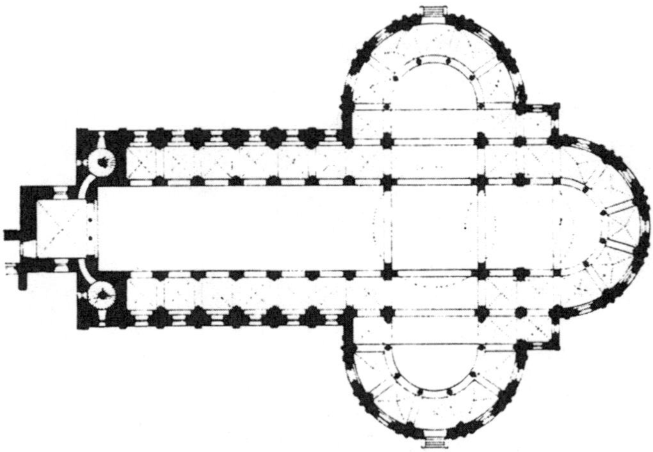

69 Köln, St. Maria im Kapitol, heutige Gestalt 1040-1065

Der Dreikonchenchor (angeregt durch römische Memorialbauten) ist eine Sonderform des Ostabschlusses eines Sakralbaus im Kölner Raum. Der Dreikonchenschluss von St. Maria im Kapitol ist der früheste seiner Art im Abendland. Vorbild war die Geburtskirche in Bethlehem nach ihrem Umbau unter Justinian Ende des 5. Jahrhunderts. An das durch Pfeilerarkaden gegliederte Langhaus schließt sich im Osten ein Querhaus an, dessen Arme wie der Chor durch Konchen gleicher Form und Abmessung abgeschlossen werden. In der Fortsetzung der Seitenschiffe umgibt sie ein durchlaufender Umgang.

Während die Basilika in Europa zum gängigen Typus des Kirchenbaus wurde, gehen Venedig und Aquitanien in Südfrankreich eigene Wege. Hier dominiert unter orientalischem Einfluss der Typus des zentralen Kuppelbaus.

70 Venedig, S. Marco, Umgestaltung ab 1060.
Stich nach A. Visentini, 1761

Der rege ökonomische und kulturelle Austausch zwischen Venedig und dem Orient tritt auch in der Baukunst in Erscheinung. San Marco wurde im 9. Jahrhundert nach dem Vorbild der Apostelkirche in Konstantinopel begonnen, um die Reliquien des hl. Markus aufzunehmen. Gleichzeitig war es die Palastkirche des Dogen. Der Bau liegt über einem griechischen Kreuz mit zentraler Kuppel und je einer Kuppel über den Kreuzarmen.

Einen völlig anderen Charakter haben die aquitanischen Kuppelkirchen, wiewohl auch sie unter orientalischem Einfluss stehen. Im Unterschied zu S. Marco tritt hier auch im Innenraum die architektonische Gliederung klar zutage.

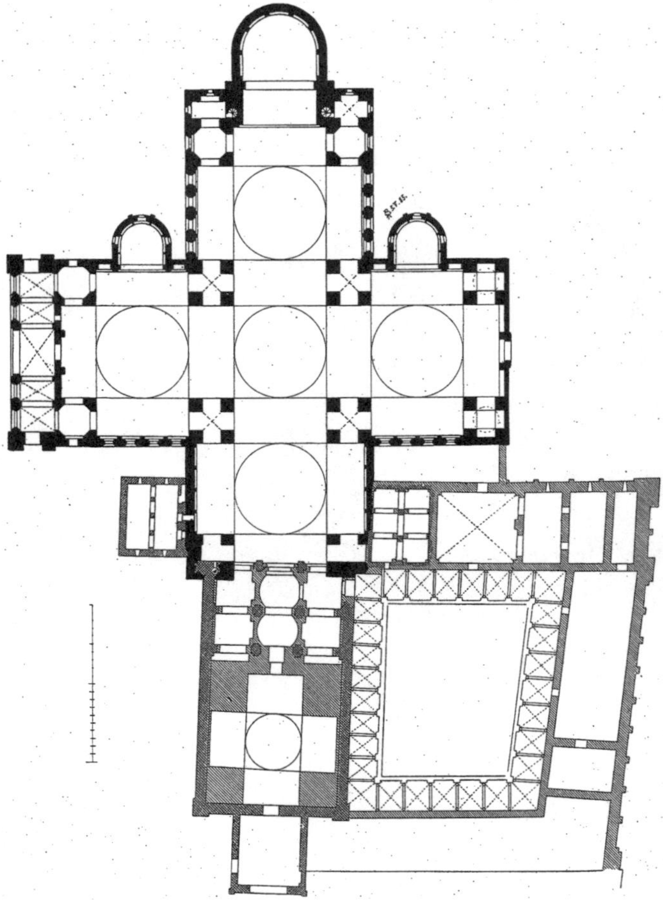

71 Périgueux, St. Front, 2. Viertel 12. Jh. Grundriss

Das Konzept geht – möglicherweise auf dem Umweg über S. Marco in Venedig – auf die Apostelkirche in Konstantinopel zurück. Der Bau ist wie der von S. Marco über einem griechischen Kreuz errichtet, die Vierung hat dieselben Abmessungen wie die einzelnen Kreuzarme. Jeder der Raumteile ist mit einer Kuppel gedeckt. In seiner Schmucklosigkeit jedoch steht der Innenraum im höchsten Kontrast zu S. Marco.

72 Périgueux, St. Front, Innenansicht

Der Innenraum wirkt massiv und monumental, klare stereometrische Formen beherrschen den Raumeindruck. Die scharfkantigen Bögen und das Rund des Kuppelansatzes erscheinen wie aus dem Mauerwerk geschnitten. Die raumhaltigen Pfeiler wirken wie mächtige Baldachine.

73 St. Gilles du Gare, Portal der ehemaligen Abteikirche, um 1135

Eine besondere Bedeutung kommt der romanischen Sakralbaukunst in Südfrankreich aufgrund ihrer Bauplastik zu. Zum ersten Mal seit der Antike begegnet uns wieder eine Monumentalplastik, hier in engstem Verbund mit der Architektur. Das die gesamte Fassadenbreite einnehmende Portal der Abteikirche St. Gilles du Gard besteht aus drei in die Wand eingetieften Toren, die durch die reliefierten Türsturze und die ornamentierten Architrave der Säulen horizontal zu einer straffen Einheit zusammengefasst werden. Der plastische Schmuck besteht aus monumentalen Figuren im abgetreppten Gewände des mittleren (höheren) Portals und (als Relief) in den Wandfeldern zwischen den Portalen.

***

In Florenz und der Toskana entwickelt sich ein eigener Stil (die sogenannte Florentiner Protorenaissance). Charakteristisch sind Inkrustationen geometrischer Muster in weißem Marmor und grünem Serpentin. Daneben beweist er seine Eigenart durch eine grazile Leichtigkeit, die dem romanischen Stil sonst fremd ist.

74 Florenz, S. Miniato al Monte, um 1070-1200

Die Fassade der dreischiffigen Basilika wird im Erdgeschoss durch sechs Halbsäulen mit fünf gleich hohen Rundbögen gegliedert. Der zentrale Dreiecksgiebel bildet den vorderen Abschluss des Satteldachs des Mittelschiffs, die rahmenden Dreiecksfelder zu beiden Seiten schließen die pultdachgedeckten Seitenschiffe ab. Die Wand- und Bogenfelder sind mit Inkrustationen geometrischer Muster verziert.

75 Florenz, S. Miniato, Marmorinkrustation im Fußboden des Mittelschiffs, 1207

Gotik

Früh- und Hochgotik

Um 1150 bis um 1250

Das wesentliche Merkmal gotischer Sakralbauten ist eine Art Skelettbau, der die Wand auf ein statisch notwendiges Minimum reduziert. Es entsteht ein höhenbetonter Raum, der sich im Erdgeschoss in lichten Arkaden nach den durchfensterten Seitenschiffen hin öffnet, darüber liegt ein häufig durchlichtetes Triforium, die Wand des Obergadens schließlich erscheint durch große farbige Glasfenster aufgelöst. Das wird möglich vor allem dadurch, dass die Bauglieder, die den Gewölbeschub auffangen, zu guten Teilen nach außen verlagert werden. Es entsteht ein Strebwerk (s. S. 102), das die ästhetische Erscheinung des Außenbaus gotischer Kathedralen entschieden mitbestimmt.

Viele Elemente dessen, was wir den gotischen Stil nennen, sind nicht erst in der Gotik aufgekommen. Bereits romanische Baumeister haben über das Vokabular verfügt oder es sogar erdacht, mit dem die Gotik eine neue Formensprache geschaffen hat. Den Spitzbogen, der im Allgemeinen als typisch gotisch angesehen wird, gibt es bereits in den romanischen Kirchen der Provence, etwa den Erdgeschossarkaden der Kathedralen von Autun (frühes 12. Jahrhundert) und Noyon (Mitte 12. Jahrhundert). Auch das Strebwerk begegnet uns bereits an byzantinischen Kuppelkirchen wie der Hagia Sophia. Das Triforium, kanonischer Bestandteil des gotischen Wandaufbaus des Mittelschiffs, erscheint bereits – anstelle einer Empore – in früheren Bauwerken, als Blendtriforium z.B. in der Kathedrale von Autun. Schließlich wird der typisch gotische Raumeindruck mit seiner Betonung der Vertikalen bereits in den großen romanischen Pilgerkirchen wie Saint-Sernin in Toulouse (begonnen 1080) oder Saint-Savin-sur-Gartempe (frühes 12. Jahrhundert) mit ihren Säulenreihen und Bögen erzielt, die bis zum Gebälk reichen, auf dem das Tonnengewölbe lagert. Die genannten Elemente werden in der Gotik in einem Bau vereint und schaffen so das „klassische“ Bild der gotischen Kathedrale.

Die Einwölbung durch jeweils ein Joch überspannendes Kreuzgratgewölbe war bereits in der späten Romanik (z.B. in Vézelay, begonnen 1096, oder Speyer, 1080 er Jahre, s. S. 77) anzutreffen. Dieses Wölbungssystem wird in der Gotik vom Kreuzrippengewölbe abgelöst.

Die sich kreuzenden Rippen, die aus einzelnen Werksteinen bestehen, leiten den Gewölbeschub auf die Stützen ab. Der Kreuzungspunkt befindet sich an der höchsten Stelle des Gewölbes und ist mit einem Schlussstein versehen. Das Profil der Werksteine und die Schlusssteine nehmen im Laufe der Zeit immer reichere und differenziertere Formen an und sind stilprägend.

St. Michael in Hildesheim (s. S. 65) bedeutete einen Meilenstein in der Sakralbaukunst des Mittelalters. Während dessen klares Konzept in Deutschland noch bis in das erste Drittel des 13. Jahrhunderts seine Gültigkeit behielt, hatte sich in Frankreich bereits ein neues Konzept, ein neuer Baustil angekündigt.

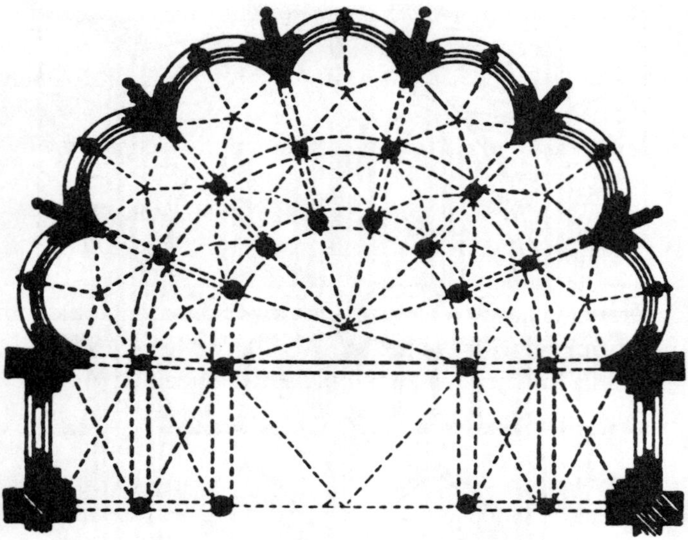

76 St. Denis bei Paris, Kathedrale, beg. 1140. Chorumgang, Grundriss

Wie schon mehrmals angesprochen, war die Unterbringung der notwendig zahlreichen Altäre im Kirchenraum für den Baumeister eine stetige Herausforderung. In Saint-Denis ist diese Aufgabe nun auf überzeugende Weise gelöst. Die Apsis über halbrundem Grundriss ist von einem doppelten Umgang mit je sieben radial angeordneten Kapellen über trapezförmigem Grundriss mit halbrundem Abschluss umgeben.

Die Grundsteinlegung des Chors unter Abt Suger gilt allgemein als Beginn der Gotik. Gleichzeitig (um 1140/45) entsteht an der Kathedrale Saint-Étienne in Sens ein Chorbau nach dem selben Prinzip.

77 Noyon, Kathedrale, beg. 1150. Wandgliederung

Um die Mitte des 12. Jahrhunderts erfährt der Wandaufbau eine wesentliche Neuerung. Nachdem bereits romanische Bauten in der Normandie Emporen in der Mittelschiffwand aufwiesen, die sich gegen den Hauptraum öffneten (Kathedrale von Sens u.a.), wird jetzt zwischen Emporengeschoss und Obergaden ein Triforium eingefügt, ein Laufgang mit Öffnungen gegen das Mittelschiff. Das bedeutet einen weiteren Schritt, die Masse der Mauer, die den ästhetischen Charakter romanischer Bauten geprägt hatte, zu sprengen.

Zum ersten Mal – und für kurze Zeit – ist in Noyon auf diese Weise die Mittelschiffswand viergeschossig. Im (älteren) Chorteil erscheint das Triforium als Blendtriforium.

78 St. Denis bei Paris, Kathedrale. Wandgliederung

Das Langhaus von Saint-Denis entstand erst ab 1231. Zum ersten Mal erhält hier die Außenwand hinter dem Triforium Fenster.

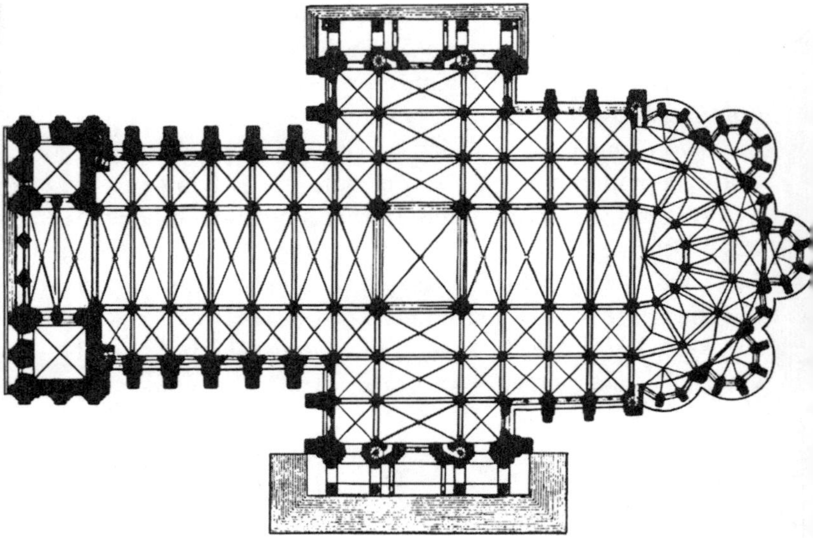

79 Chartres, Kathedrale, Neubau 1194-1260. Grundriss

Der nach dem Brand von 1194 begonnene Neubau, der im Originalzustand die Zeiten überdauert hat, gilt vielen als das Urbild der gotischen Kathedrale, das obendrein die Zeiten in ihrer originaler Gestalt überdauert hat. Die dreischiffige Basilika mit wenig ausgeschiedenem Querhaus und langem (vierjochigem) Chorraum endet im Osten in einem Chorumgang und Radialkapellen.

Als Wölbungssystem wird die ältere Tradition des Kreuzrippengewölbes wieder aufgenommen mit dem Unterschied, dass es jetzt nicht über quadratischem, sondern über rechteckigem Grundriss, etwa doppelt so breit wie tief, liegt.

80 Chartres, Kathedrale. Wandgliederung und Schnitt

Die (im Unterschied zu Noyon) dreigeschossige Schiffswand gliedert sich in eine Arkadenzone, darüber verläuft das (nicht durchlichtete) niedrige Triforium, den oberen Abschluss bildet der Obergaden, in dem das Mauerwerk nur noch das Rahmenwerk für die farbigen Glasfenster (Zwillingslanzetten mit einer Rose über zierlicher Mittelstütze) darstellt. Die Stützen sind rund, nun mit an allen vier Seiten vorgelagerten Diensten, von denen die dem Schiffsraum zugewandten bis in die Gewölbezone emporwachsen. Die Bündelung zahlreicher feiner Dienste, die den Vierungspfeilern vorgelegt sind, betonen in besonderer Weise die vertikale Raumbewegung.

Von nun an ist der dreizonige Aufriss (Arkaden, Triforium, Obergaden) in gotischen Basiliken die Regel. Auf Emporen, die wesentlich statische Funktion hatten, kann verzichtet werden, da das Strebewerk am Außenbau die Funktion übernimmt, den Gewölbeschub aufzufangen.

81 Chartres, Kathedrale, Portal der Westfassade („Königsportal"), beg. 1145. Zeichnung von N. X. Willemin, 1806

Die figurale Gestaltung des Portals, die eine Besonderheit romanischer Kirchen in Südfrankreich darstellte, wird nun von den gotischen Baumeistern in der Ile de France übernommen. Das Königsportal von Chartres ist das älteste erhaltene Stufenportal mit monumentalem Figurenschmuck. Die Figuren der Gewände ordnen sich streng der Architektur unter. Schmal und hoch, ohne ausgreifende Gestik fügen sie sich in die abgetreppten Profile (die „Stufen") des Gewändes.

marixverlag

Absender

Name, Vorname

Straße, Nr.

Plz, Ort

Telefonnummer *

Faxnummer *

Email *

Unterschrift

* freiwillige Angabe

Für Ihre schnelle Anfrage:
info@marixverlag.de

Bitte
ausreichend
frankieren

Rückantwort

marixverlag GmbH
Römerweg 10
65187 Wiesbaden

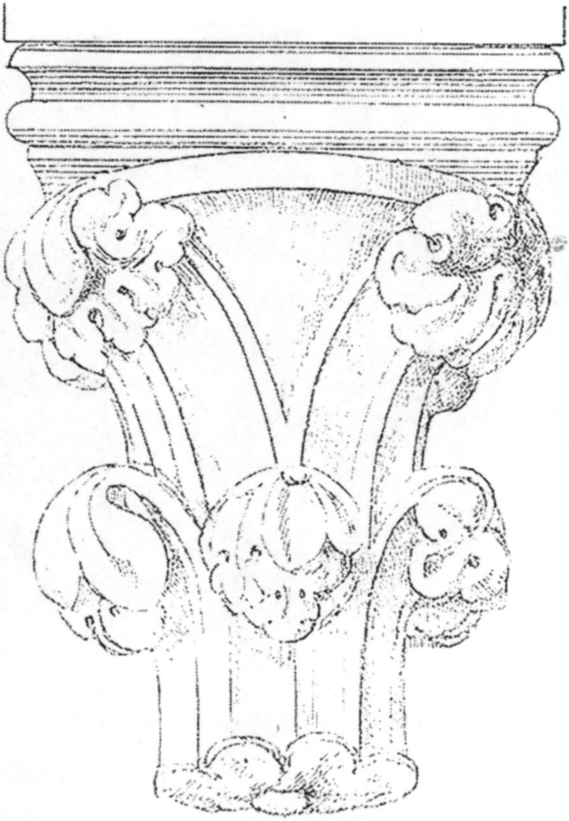

82 Frühgotisches Knospenkapitell

Der Bilderreichtum romanischer Kapitelle mit ihrem geometrischen und figürlichen Ornament war bereits (wie in der Kathedrale von Laon nach 1170) einem schlichten stilisierten Blattornament gewichen. Die Kelchkapitelle in Chartres entfalten nun in Anlehnung an das korinthische (Akanthus-) kapitell ein abstrahiertes Blattwerk, das vom Säulenschaftring aufsteigt und sich oben plastisch einrollt. Die betonten Hauptblattnerven suggerieren eine eigene Dynamik und Straffheit.

83 Chartres, Kathedrale. Rose des südlichen Querschiffs, um 1230

Das Zentrum der Rose bildet das ältere Motiv des Radfensters mit einzelnen „Speichen“, das von einem Kranz von Achtpässen und kleineren Vielpässen in deren Zwickeln umgeben ist.

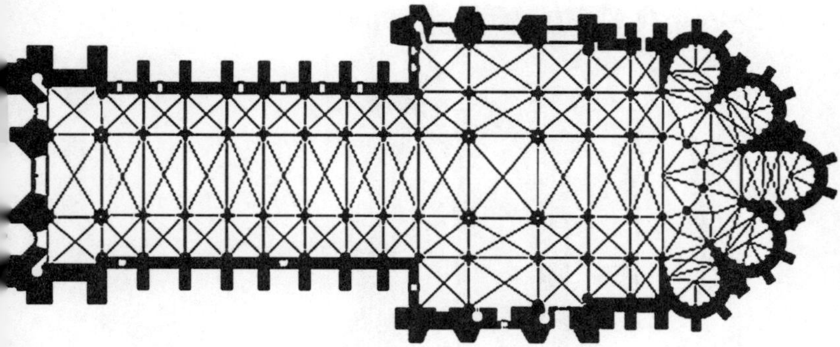

84 Reims, Kathedrale, 1211-1311. Grundriss

Mittel- und Seitenschiffe der dreischiffigen Basilika sind mit Kreuzrippengewölben gedeckt, wobei die Joche des Mittelschiffs über querrechteckigem, die der Seitenschiffe über quadratischem Grundriss liegen. Das wenig abgesetzte Querhaus erscheint mit dem Chorraum zu einer fünfschiffigen Einheit verbunden. Den östlichen Abschluss bildet ein Chorumgang mit fünf Radialkapellen.

85 Reims, Kathedrale. Wandgliederung

Die Kathedrale von Reims zeigt den Wandbau der klassischen französischen Kathedrale. Die Arkaden des Erdgeschosses, Triforium und Lichtgaden bilden eine konzeptionelle Einheit, mit entschiedener Betonung der Vertikalen. Die Fenster des Obergadens weisen zum ersten Mal das für die Gotik so charakteristische Maßwerk auf, hier in einfachster Form: Um einen zentrierten Kreis gruppieren sich sechs kleine (angeschnittene) Kreise.

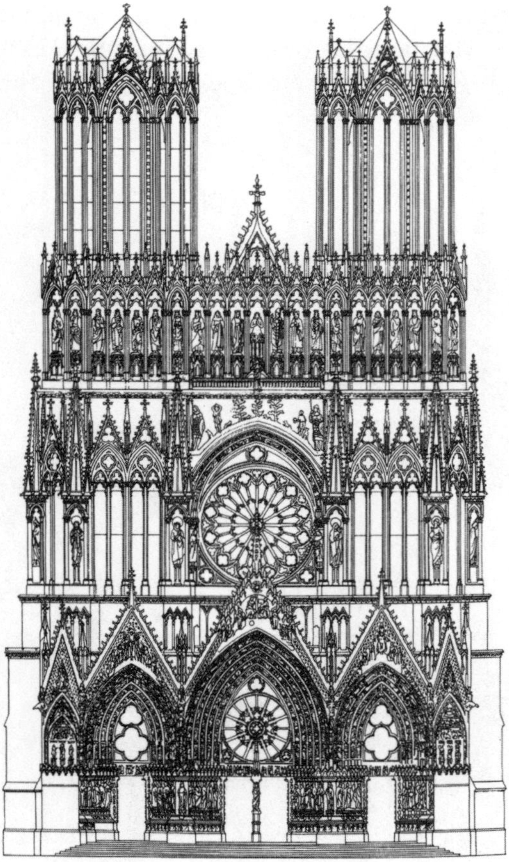

86 Reims, Kathedrale. Fassade, vermutlich 1252-1275

Die Krönungskirche französischer Könige gilt als Vollendung französischer Kathedralbaukunst der Hochgotik. Das Erdgeschoss der Fassade nimmt das monumentale dreigliedrige Portal ein, dessen mittleres als Haupteingang hervorgehoben ist. Es ist höher und breiter als die beiden Seitenportale, anstelle des reliefierten Tympanons erscheint eine Rose, die das Giebelfeld ausfüllt. Der krönende Wimperg überschneidet die große zentrale Rose des Obergeschosses. Den oberen Abschluss bildet die sogenannte Königsgalerie mit den Statuen Chlodwigs I. (dargestellt ist dessen Taufe) und seiner

Nachfolger. Das früheste Beispiel einer Königsgalerie findet sich an der Fassade von Notre Dame in Paris (vollendet 1250) – die ursprünglich geplanten Turmhelme kamen nicht zur Ausführung.

87 Reims, Kathedrale. Strebewerk

Zwei Strebebögen übereinander nehmen den Gewölbeschub auf, leiten ihn weiter zu den Strebepfeilern, von denen eine zweite Doppelreihe von Strebebögen wiederum zu den äußeren Strebepfeilern führt. Durch den Strebebögen aufgesetzte Fialen wird deren senkrecht ableitende Kraft verstärkt.

88 Reims, Kathedrale. Kapitell, erste Hälfte 13. Jh.

Man hat die Entwicklung des gotischen Blattkapitells in der Bauplastik gern analog zu den einzelnen Phasen des Blattwachstums gesehen: in Chartres (s.o.) ist das Blatt noch „Knospe", also eingerollt, in Reims erscheint es voll entfaltet.

89 Paris, Notre Dame. Fensterrose des nördlichen Querhauses, um 1250

Charakteristisch für Fensterrosen der Zeit von etwa 1250 bis 1350 ist ein Maßwerk von strahlenförmiger („rayonnant“) Struktur.

90 Marburg, Elisabethkirche, beg. 1235

Die dreischiffige Hallenkirche ist der erste rein gotische Sakralbau Deutschlands. Der östliche Abschluss ist als Dreikonchenschluss gestaltet (s. S. 82). Hier manifestiert sich der gotische Stil zum ersten Mal auf deutschem Boden und weicht sogleich vom Schema der klassischen Kathedralen Frankreichs ab. Schon der Dreikonchenabschluss verrät seinen Standort, und der Bau ist keine Basilika, sondern eine Halle. Dadurch erübrigt sich ein differenziertes Strebewerk. Dieses beschränkt sich auf Strebepfeiler, die der Außenwand anliegen.

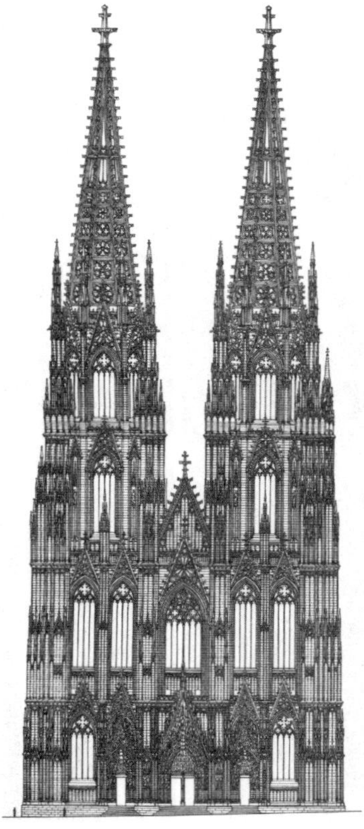

91 Köln, Dom, 1248-1880. Westfront

Der Südturm, begonnen in der ersten Hälfte des 14. Jahrhunderts, gedieh nur bis zum zweiten Geschoss, die Grundsteinlegung für den Nordturm erfolgte 1500. Nach 1530 ruhte der Bau bis 1842. Dennoch kann er als klassisches Beispiel eines gotischen Doms gelten, denn die Vollendung des Baus ist der Auffindung der Originalpläne zu Beginn des 19. Jahrhunderts zu danken. Die Fassade wurde nach dem Riss von 1310/20 ausgeführt.

92 Tübingen, Stiftskirche St. Georg, 1470-1483. Lettner

Ein Merkmal vor allem gotischer Sakralbauweise ist der Lettner. Er trennt seit der späten Romanik bis in die Zeit nach dem Konzil von Trient (1545-1563) den Klerus von der Gemeinde. Wie der Name sagt („Lettner" leitet sich vom lateinischen *lectorium* = Lesepult ab) wurden vom Lettner aus die liturgischen Texte verlesen. Er diente auch als Sängertribüne. Einer der wenigen erhaltenen Beispiele ist der Lettner der Stiftskirche in Tübingen. Durch drei spitzbogige Öffnungen, die von Wimpergen gekrönt sind, öffnet sich der Blick in den Chorraum. Eine Brüstung mit Maßwerk bildet den oberen Abschluss.

Mit dem Wegfall des Lettners wurden auch der Hauptaltar (für den Klerus) am Ende des Chorraums und der Kreuzaltar vor dem Lettner (für das Volk) zum Hochaltar zusammengelegt.

93 Sakramentshaus des Münsters in Heilsbronn, Schule des Adam Kraft, 1515

Sakramentshäuser dienten bin nach dem Konzil von Trient der Aufbewahrung der Hostie. Ihre Blütezeit erlebten sie zur Zeit der Hochgotik. Ein herausragendes Beispiel ist das von St. Lorenz in Nürnberg (von Adam Kraft). Getragen von drei Knieenden (einer von ihnen stellt den Bildhauer selbst dar) wächst das Bauwerk mit seinem feingliedrigen Maßwerk bis zum Gewölbe empor, unter dem sich die Turmspitze biegt. Es bildet das Gehäuse für den Tabernakel, der seit dem Konzil von Trient im Hochaltar untergebracht ist (s.o.). Diesem Typus folgten weitere Sakramentshäuser wie das im Münster von Heilsbronn.

94 Dreikönigsschrein, Nikolaus von Verdun zugeschrieben. 2. Hälfte 12. Jh.

Der Schrein ist die wohl bedeutendste Goldschmiedearbeit des Mittelalters. Der Bau mit seinem hohen Mittelschiff und den niedrigeren Seitenschiffen mit Satteldächern ist deutlich durch die Monumentalbaukunst (die Basilika) inspiriert. Die Wände sind durch Blendarkaden mit Doppelsäulen gegliedert, die den 74 Figuren aus vergoldetem getriebenen Silber einen Rahmen geben. Mit dieser Art der Bestattung von Reliquien erübrigte sich seit der späten Romanik der Bau von Krypten (vgl. S. 68).

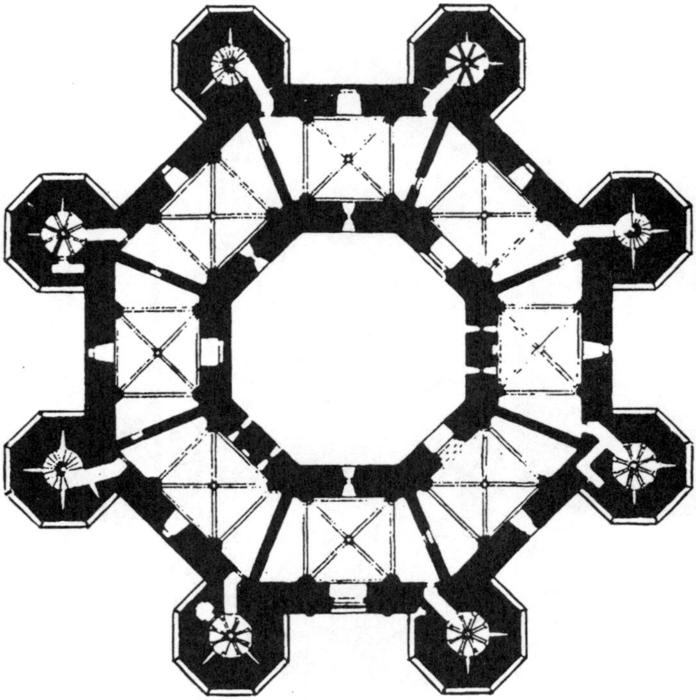

95 Castel del Monte. Grundriss

Der Kontakt mit dem Orient infolge der Kreuzzüge führte zu einem Wandel im Burgenbau Europas. Dessen Bauweise wird im 13. Jahrhundert abgelöst von einheitlich konzipierten Anlagen, im Grundriss meist quadratisch oder rechteckig.

Einen Höhepunkt dieser neuen Entwicklung bildet der einzigartige Bau von Castel del Monte in Apulien nach dem Entwurf Friedrichs II., den der Kaiser als eine Art Lustschloss errichten ließ. Der Grundriss bildet ein Achteck, an dessen äußeren Ecken jeweils ein Treppenturm eingefügt ist.

96 Castel del Monte, Apulien, um 1240, vor der Restaurierung im 20. Jh.

Die Gestaltung des Hauptportals orientiert sich an römischer Architektur.

Es wird von zwei kannelierten Pilastern mit Akanthuskapitellen gerahmt, die ein Gesims mit klassischem Zahnfries tragen. Darüber erheben sich Dreiecksgiebel und Attika. Auf die Entstehungszeit weist lediglich ein krönendes Biforium mit Rundfenster in den Zwickeln hin, die von einem Spitzbogen überfangen werden.

*97 Florenz, Palazzo Vecchio (Signoria), 1299-1314.
Stich des frühen 19. Jhs.*

Mit dem Aufblühen der Städte im 13. Jahrhundert erlebt auch der Profanbau mit repräsentativen öffentlichen Bauten einen Aufschwung. Der Baumeister der Signoria (der Legende nach von Arnolfo di Cambio) verwendet Elemente des bürgerlichen Wohnhauses und verbindet einen blockhaften, festungsartigen Wohnbau, der einen Innenhof umschließt, mit einem mächtig aufsteigenden Turm in Form der üblichen Flucht- und Wehrtürme des Mittelalters. Der zweigeschossige Bau hat in den Obergeschossen Biforien und wird oben durch einen auf Konsolen ruhenden, mit Zinnen bekrönten Laufgang abgeschlossen. Der (auf den Grundmauern eines älteren Turms fußende) Turm, der in den dem Arno zugekehrten Trakt eingebettet erscheint, endet wie der Bau selbst mit einem zinnengekrönten Laufgang, über dem sich die Glockenstube zwischen vier mächtigen Rundpfeilern öffnet.

Spätgotik

Um 1250 bis um 1500

In der Spätgotik erreicht die Auflösung der Wand ihren Höhepunkt. Durchlichtete Triforien, großflächige farbige Glasfenster lösen die Wand optisch auf in ein Muster von Licht und Farbe. Die Gewölbe werden zunehmend feiner gegliedert. Ein differenziertes System von Rippen entfaltet eine Fülle an Formen wie Stern-, Netz- und Fächergewölbe. Häufig sind die Rippen ohne tektonische Funktion und deshalb – wie auch Stängel-, Blatt- und Blütenwerk – als reines Ornament aufgemalt.

In Deutschland wird das über Jahrhunderte gültige Schema der Basilika zugunsten der Halle aufgegeben.

98 Landshut, Spitalkirche Zum Hl. Geist, beg. 1407 von Hans von Burghausen. Grundriss

Die dreischiffige spätgotische Hallenkirche hat hohe schlanke Rundpfeiler und ein Sterngewölbe, dessen Rippen unmittelbar aus den Säulenschäften aufsteigen. Eine wesentliche Neuerung bringt der Grundriss des Chorumgangs, der mit fünf Seiten eines Zwölfecks endet, sodass ein Rundpfeiler in der Mittelachse des Baus zu stehen kommt.

99 Annaberg, St. Anna, beg. 1499. Sterngewölbe

Wohl unter böhmischem Einfluss (z.B. der Kathedrale von Kutná Hora, deutsch Kuttenberg, 1403-1512) entwickelt sich im Laufe des 15. Jahrhunderts in Deutschland das Sterngewölbe und findet in Bauten wie St. Anna seinen künstlerischen Höhepunkt.

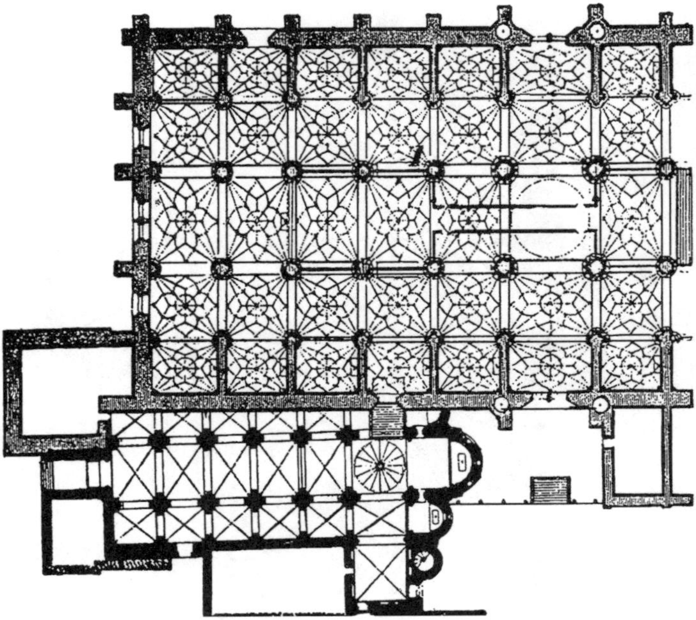

100 Salamanca, Kathedrale, von Juan Gil de Hontanon, beg. 1512. Grundriss

Mit deutschen Baumeistern und Steinmetzen aus Nürnberg und Köln fand das Sterngewölbe auch in Spanien Eingang. Sämtliche Gewölbeteile der fünfschiffigen Kathedrale von Salamanca sind mit Sterngewölben versehen.

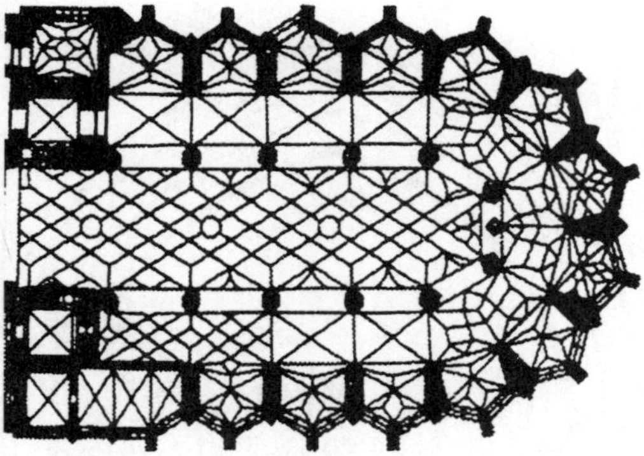

101 Freiburg i. Br., Münster, Chorneubau mit Netzgewölbe, beg. 1354

Der Neubau des Chors des Freiburger Münsters ist mit einem Netzgewölbe gedeckt.

Neben dem Sterngewölbe ist es die charakteristische spätgotische Wölbungsform.

Am Ende sind die aufgelegten Rippen ohne tektonische Funktion und entfalten eine durchgehende, den gesamten Raum überfangende Netzstruktur, wie etwa in der Marktkirche in Halle (40er Jahre des 16. Jahrhunderts).

***

Das Kühnste, was die Spätgotik an Maßwerk, Rippen- und Bogenformen hervor gebracht hat, entfaltet sich in den englischen Kathedralen. Der typische Perpendicular Style (vom lateinischen *perpendiculum* = Lot, Richtschnur) zeigt sich an vertikalen Flächen als Stabwerk, das vor allem in den großflächigen Fenstern die Mauer weitestgehend entmaterialisiert, in den Gewölben als Fächerformen, das heißt die Rippen fächern sich von ihrem Ansatz in gekurvten Strahlen bis zum Scheitel des Gewölbes auf, wo sie sich in halbkreisförmigem Abschluss begegnen. Dieses Phänomen bleibt strikt auf England beschränkt.

102 Wells, Kathedrale, beg. 1180. Scherenbogen der Vierung, 1338

Zwei mächtige gegenläufige Bögen, der eine von den Basen der Vierungspfeiler aufsteigend, der andere in der Verlängerung des Gurtbogens abwärts verlaufend, berühren einander mit den Spitzen. – Der erste Scherenbogen findet sich wenig zuvor an der östlichen Vierung der Kathedrale von Salisbury.

103 Perpendicular Style. Windsor, St. Georgs-Kapelle, beg. 1481

Ein Gitter aus filigranem senkrechten (lotrechten = perpendicular) und waagerechten Stabwerk nimmt die gesamte Westfront ein, die von zwei schlanken hohen Treppentürmen gerahmt wird.

104 Windsor, St. Georgs-Kapelle, beg. 1481. Fächergewölbe

Von ihrem Ansatz aus fächern sich die Rippen der Wölbung folgend in gekurvten Strahlen zum Scheitel des Gewölbes, wo sie auf jeweils einen Schlussstein in der Scheitelrippe treffen.

105 Wiener Neustadt, Dom, Maßwerkfenster mit Fischblasenornament, 14. Jh.

Das Maßwerk des Fensters im Dom von Wiener Neustadt veranschaulicht das typisch spätgotische Fischblasenornament.

106 Paris, St. Chapelle, Fensterrose, um 1485

Die Rose der Saint-Chapelle in Paris zeigt das typische Ornament der Zeit, das Flamboyant, das an züngelnde Flammen erinnert.

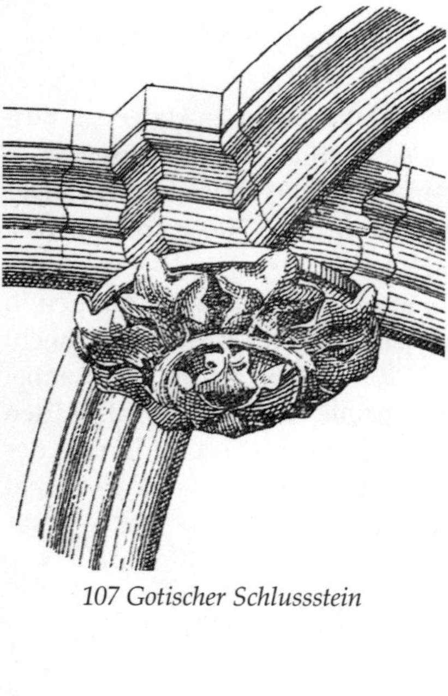

107 Gotischer Schlussstein

Der Kreuzungspunkt der Gewölberippen wird mit einem oft aufwendig verzierten Schlussstein versehen.

108 Landshut, St. Martin, um 1380-um 1500. Stich von Johann Matthias Steidlin, 1723

Die im Wesentlichen von Hans Krumenauer, Hans von Burghausen und Thoman von Landshut erbaute dreischiffige Halle erhebt sich hoch über das Dächermeer der Stadt. Der nach 1500 vollendete Turm ist mit 130,6 Metern der höchste Backsteinkirchturm der Welt.

So differenziert der Innenraum spätgotischer Kirchen in Deutschland ist, zumal in seinen Gewölbeformen, so schlicht gestaltet sich ihr Außenbau. In der Regel hat er, wie hier bei St. Martin, eine Einturm- anstelle der Zweiturmfassaden klassischer französischer Kathedralen. Die Gliederung des Westportals ist zwar noch dem Stil der Hochgotik verpflichtet, jedoch fehlt die Monumentalplastik.

109 Venedig, Dogenpalast, in der heutigen Gestalt frühes 15. Jh. Stich nach A. Visentini, 1761

Die beiden Hauptschauseiten liegen der Mole (im Süden, 1404 vollendet) und der Piazzetta (im Westen, von 1424 bis 1457)) zugewandt und gleichen einander. Das Erdgeschoss bildet eine lichte Arkade, über der eine weitere, annähernd gleich hohe, jedoch vielgliedrigere liegt. Auf ein Interkolumnium im Erdgeschoss kommen zwei im darüberliegenden. Der obere, ungegliederte Wandstreifen ist mit rosa und weißen Marmorplatten verkleidet, die mittlere von sieben Fensteröffnungen nimmt eine Loggia ein.

Der typisch venezianische Schmuck verrät die intensiven Handels- und Kulturbeziehungen der Republik Venedig mit dem Orient. Die Zinnenkrone etwa, wie sie auch andere Bauten Venedigs aufweisen, ist durch nordafrikanische Moscheen (z.B. die Al-Hakim-Moschee in Kairo) angeregt, das geometrische farbige Muster der Wand von kleinasiatischer Architektur. Auf eine klare architektonische Gliederung ist verzichtet. Wie in San Marco dominiert der eher textile Charakter des Schmucks. Wie ein kostbarer Teppich breitet sich der obere Teil der Wand über die Fassaden.

Backsteingotik

Im Norden, wo Naturstein nicht verfügbar war, lieferten Ziegel das Baumaterial. So entwickelte sich auch ein eigener, dem Material angemessener Stil. Bauornamente, die in der Natursteintechnik aus dem Stein herausgemeißelt wurden, setzen sich in der Backsteinbauweise aus Formsteinen zusammen. Das Hauptverbreitungsgebiet der Backsteingotik sind Norddeutschland, Dänemark, Schweden, Polen und die baltischen Länder.

110 Lübeck, Marienkirche, 1250-1350

Die für weitere Backsteinkirchen wegweisende dreischiffige Basilika mit Chorumgang und Kapellenkranz erreichte die höchste Gewölbehöhe ihrer Zeit. Das Mittelschiff ist mit querrechteckigen Kreuzrippengewölben versehen, die Seitenschiffe mit solchen über annähernd quadratischem Grundriss. Die hohen Fenster des Obergadens sind ohne das Maßwerk, wie es den gotischen Hausteinkirchen eigen ist. Insgesamt sind die Formen – typisch für die Backsteingotik – weniger differenziert. Den Charakter des Außenbaus bestimmt das rötliche Mauerwerk mit den mächtigen Strebebögen, die sich in der Höhe des Gewölbeansatzes vom Mittelschiff zu den Rändern der Seitenschiffe spannen.

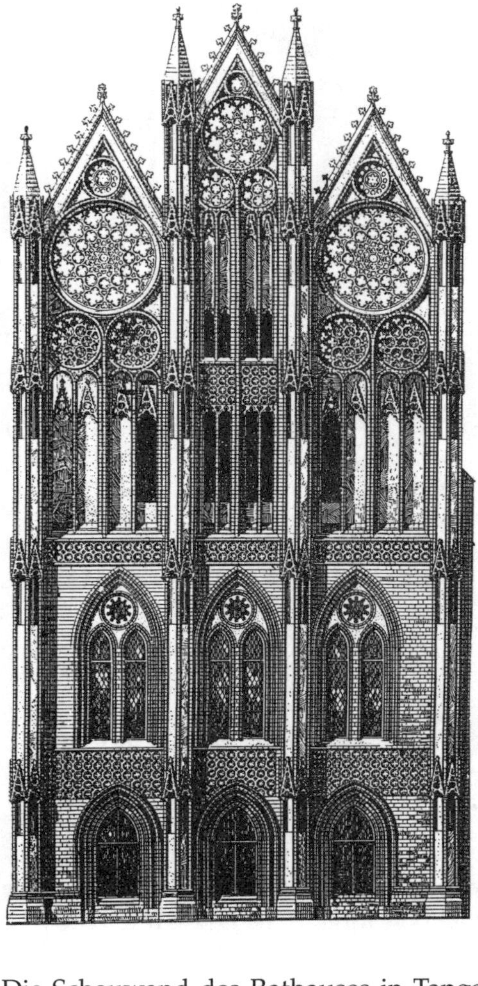

111 Tangermünde, Rathaus, östliche Schauwand, 1430

Die Schauwand des Rathauses in Tangermünde, einer der Höhepunkte nordischer Backsteinarchitektur, erscheint wie die Fassade eines Sakralbaus. Die dreiachsige Front ist dreigeschossig. Der Giebel überragt das dahinter liegende Gebäude – eine Eigenart von Fassaden der Backsteingotik. Daher öffnen sich die mit Maßwerk gefüllten Rosen gegen den freien Himmel und tragen so zu dem besonderen filigranen Reiz der Fassade bei.

Renaissance

Frührenaissance in Italien (das Quattrocento)

Um 1420 bis um 1500

Die Wende von der Gotik zur Renaissance im frühen 15. Jahrhundert vollzieht sich in ihrem Ursprungsland abrupt, und die Gegensätze könnten kaum größer sein.

Dass sich diese Wende in Italien vollzieht, kommt nicht von ungefähr, denn hier konnte die Gotik – trotz so großartiger Bauten wie des Mailänder Doms oder des Dogenpalasts in Venedig – nie so recht Fuß fassen. Die Hinwendung zur Antike, die einen neuen Stil hervorbringen sollte, vollzog sich bereits, als die gotischen Kirchen im Norden ihre Vollendung erlebten (s. S. 114 die Spitalkirche in Landshut, begonnen 1407). Das Interesse an der römischen Baukunst bedeutete keineswegs ein Kopieren antiker Bauwerke, dafür waren deren Bestimmung zu unterschiedlich; die Architekten der Renaissance bauten keine Tempel, auch wenn sie ihre Kirchen so nannten. Was sie den antiken Vorbildern abschauten, waren das Vokabular in Gestalt von Säulen, Kapitellen, Giebeln und die ausgewogenen Proportionen und schufen damit eine neue Sprache. Deren Prinzip bedeutet vor allem: Klarheit durch Geometrie (Kreis, Halbkreis, Goldener Schnitt). Dieser Klarheit dient auch die Hervorhebung der tektonischen Struktur durch das farbige Absetzen der tragenden Glieder wie Stützen und getragenen Bauglieder wie Bögen oder Architrave, die sich dunkel (in grauer Pietra serena) von der schmucklosen weißen Wand abheben.

112 Florenz, Findelhaus, beg. 1422 von Filippo Brunelleschi

Das Findelhaus gilt als erster bedeutender Renaissancebau. Das niedrige Gebäude nimmt fast die gesamte südöstliche Seite der Piazza della Ss. Annunziata ein. Über die ganze Breite erstreckt sich eine lichte Vorhalle, die sich mit einer Bogen tragenden Kolonnade zur Piazza hin öffnet. Man erreicht sie über eine durchlaufende Treppe, die an den Stufenbau eines griechischen Tempels denken lässt. Die halbkreisförmigen Bögen werden von schlanken Säulen mit korinthischen Kapitellen getragen, die Zwickel zieren Terrakottareliefs von Andrea della Robbia (1463-1466). Die Reliefs in blau und weiß, auf denen jeweils ein Wickelkind dargestellt ist, sind der einzige Schmuck der Fassade. Ein durchlaufendes Gesims, das die Scheitel der Bögen berührt, trennt Erd- und Obergeschoss, dessen von einem schlichten Dreiecksgiebel gekrönte Fenster jeweils in einer Achse mit dem darunter liegenden Interkolumnium liegen. Die leichte, feingliedrige Architektur scheint den gelernten Beruf ihres Schöpfers zu verraten; Brunelleschi war Goldschmied. Vor allem aber ist zu betonen, dass die Antike hier nicht unmittelbar, sondern auf dem Umweg über die Bauten der Florentiner „Protorenaissance" zur Sprache kommt, was im Vergleich etwa mit S. Miniato al Monte (S. 87) augenfällig wird.

113 Florenz, Pazzi-Kapelle, beg. 1429 von Filippo Brunelleschi, Fassade. Stich des 19. Jhs.

Nachdem Filippo Brunelleschi bereits mit der Alten Sakristei von San Lorenzo in Florenz den ersten Zentralbau der Renaissance errichtet hatte (1419-1428), begann er den Bau der Pazzi- Kapelle bei Santa Croce.

Dem Bau ist eine im Grundriss querrechteckige eingewölbte Vorhalle vorgelegt.

Je drei (ursprünglich durch Balustraden verbundene) korinthische Säulen links und rechts der Mittelachse tragen einen Architrav. Das mittlere Interkolumnium nimmt ein Rundbogen ein, der weit in das Obergeschoss der Fassade hineinragt (ein Motiv, das man später das „Palladio-Motiv“ oder „Serliana“ nennen wird, s. S. 148). Mit dem aus der Antike überlieferten Vokabular schafft Brunelleschi wiederum eine völlig neue Formensprache.

114 Florenz, Pazzi-Kapelle, Schnitt

Die Bauglieder mit tektonischer Funktion heben sich in dunkelgrauer Pietra serena von der weißen Wand ab.

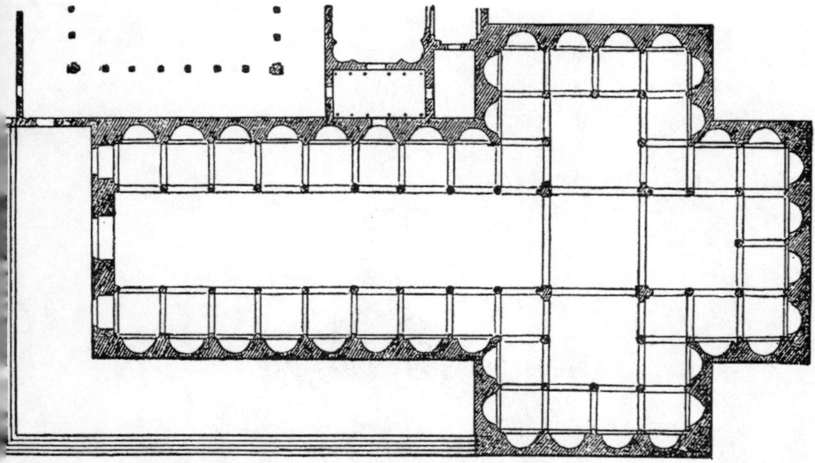

115 Florenz, S. Spirito, beg. 1436 von Filippo Brunelleschi

Der dreischiffige Longitudinalbau mit Querschiff liegt über kreuzförmigem Grundriss.

Der Chorraum und die Arme des Querhauses (alle mit geradem Abschluss) haben dieselben Abmessungen und verleihen dem Bau den Eindruck von Einheitlichkeit und Ausgewogenheit. In der Vierung hat man das Gefühl, in einem Zentralbau zu stehen. Das Problem der Platzierung der Kapellen ist auf völlig neue Weise gelöst: Sie sind in Gestalt halbrunder Nischen ringsum in die Außenwand eingefügt. Die Vierung ist mit einer Kuppel gedeckt, durch deren Fenster im Tambour weißes Licht fällt und den Raum in seiner Klarheit voll zur Geltung bringt.

116 Florenz, S. Spirito, Innenansicht. Zeichnung von G. A. Dosio, um 1580

Säulen mit korinthischen Kapitellen und auffallend hohen Kämpfern trennen Mittel- und Seitenschiffe und bilden eine ohne Unterbrechung durch Hauptschiff, Querhausarme und Chorraum verlaufende Kolonnade. Das Langhaus ist in der Art frühchristlicher Basiliken mit einer ornamentierten Flachdecke versehen.

117 Mantua, S. Andrea, beg. 1472 von Leon Battista Albert

Die Mitte der Fassade nimmt ein monumentaler Rundbogen (mit dem Haupteingang) ein, der von korinthischen Kolossalpilastern gerahmt wird, die die beiden Geschosse der seitlichen Traveen zusammenfassen und ein Gebälk mit krönendem Dreiecksgiebel in der Mitte tragen. Den äußeren Abschluss bilden links und recht wiederum Kolossalpilaster.

Inspirationsquelle für Alberti dürfte der Augustusbogen in Rimini (27 v. Chr.) gewesen sein.

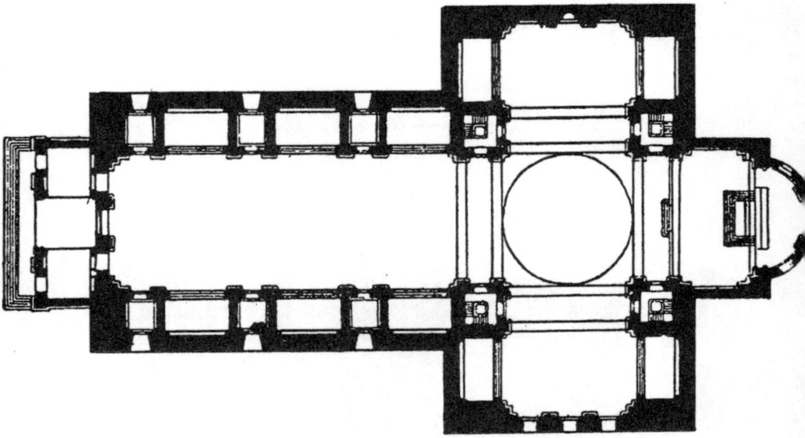

118 Mantua, S. Andrea

Von Alberti stammt der Entwurf des Langhauses mit den seitlichen Kapellen statt der Seitenschiffe (Vierung und Kuppel wurden erst im 18. Jh. von Filippo Juvara hinzugefügt). Dieses System wurde wegweisend für den gesamten Kirchenbau der folgenden Jahrhunderte. Etwa ein Jahrhundert später wird es Vignola für seinen epochemachenden Bau des Gesù in Rom aufgreifen. (s. S. 151). Das Langhaus ist mit einer mächtigen kassettierten Tonne gedeckt. Damit besinnt sich Alberti, anders als Brunelleschi (s.o.) auf die Wölbetechnik der antiken Römer. Auch die seitlichen Kapellen sind mit (quer zur Hauptachse liegenden) Tonnen eingewölbt.

119 Florenz, Palazzo Medici-Riccardi, 1444 von Michelozzo. Stich von Giuseppe Zocchi, 1757 (Ausschnitt)

Der Bau hatte zunächst kubische Form mit nur je 10 Fenstern an jeder der Fassaden. Die Fassade gegen die Via Cavour wurde im 17. Jahrhundert um 7 Achsen verlängert. Ursprünglich war die Ecke im Erdgeschoss eine offene Loggia, bis die Arkaden (nach einem Entwurf Michelangelos) zugemauert und mit Fenstern versehen wurden.

Das Erdgeschoss des dreigeschossigen Baus ist rustiziert und öffnet sich in drei rundbogigen Toren. Piano nobile und

Obergeschoss haben je 10 gleichhohe Fenster, die jeweils in einer vertikalen Achse übereinander liegen, jedoch nicht mit den Achsen der Tore im Erdgeschoss korrespondieren. Dem Palazzo Vecchio ähnlich, ist der Palazzo Medici ein typischer Florentiner Stadtpalast, ein geschlossener Block mit Innenhof bzw. Garten. Den oberen Abschluss bildet nun allerdings ein klassisches Kranzgesims (statt des Zinnenkranzes des mittelalterlichen Baus).

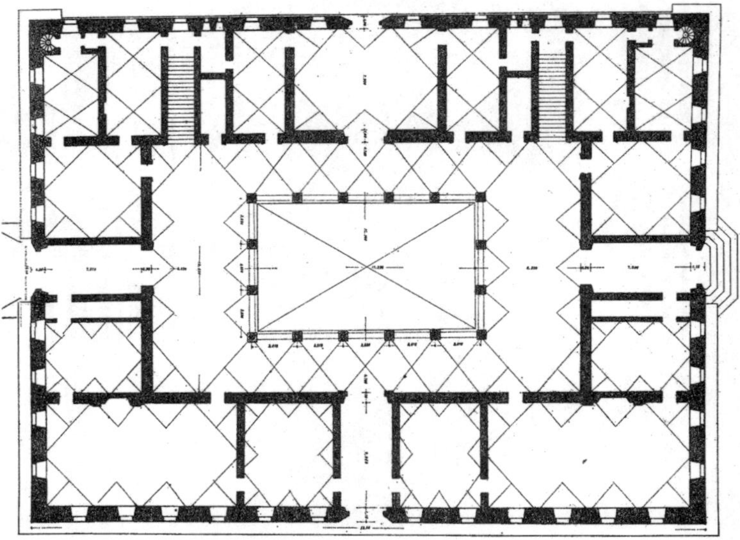

120 Florenz, Palazzo Strozzi, beg. 1489 von Benedetto di Maiano nach dem Entwurf von Sangallo d. Ä.

Der Palazzo Strozzi vertritt in Vollendung den typischen Florentiner Stadtpalast, im Grundriss ein geschlossenes Rechteck mit Innenhof. Ein besonderer Schmuck des Palastes ist das nach Art antiker Tempel weit vorkragende Gesims, hier (anders als beim antiken Tempel) ohne tektonische Funktion, also reine Zierform.

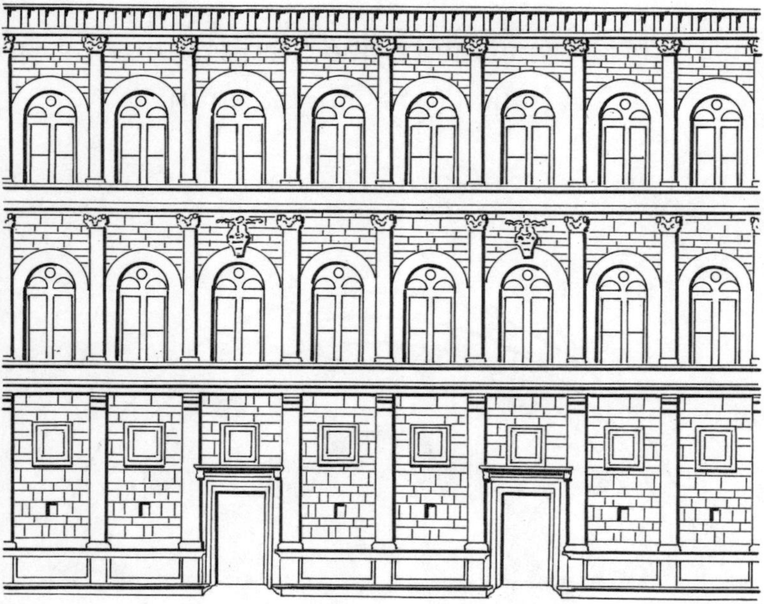

121 Florenz, Palazzo Rucellai,
1446-1451 von Leon Battista Alberti. Fassade.

Verglichen mit dem Palazzo Medici (s.o.) verfolgt Albertis Fassadenentwurf ein völlig neues Gesamtkonzept: Jedes der drei Geschosse ist vertikal unterteilt. Im Unterschied zu jenem korrespondieren auch die Achsen der Tore mit denen der Fenster, sodass sich die Fassade in (11 geplante, aber nur 7 ausgeführte) vertikale Achsen gliedert, im Erdgeschoss durch Pilaster mit toskanischem Kapitell, in Piano nobile und Obergeschoss durch Pilaster mit Kompositkapitellen. Die beiden (von drei geplanten) Tore haben einen geraden Sturz. Eine Neuerung ist die steinerne Solbank, über der der Sockel des Erdgeschosses aufsteigt. Auffallend ist die, wie es scheint, regellose Rustizierung, deren Lineament nicht mit den tatsächlichen Fugen der Steinplatten übereinstimmt. Der Entwurf hat mit seinem flachen Relief geradezu grafischen Charakter.

Hochrenaissance und Manierismus in Italien (das Cinquecento)

Um 1500 bis um 1600

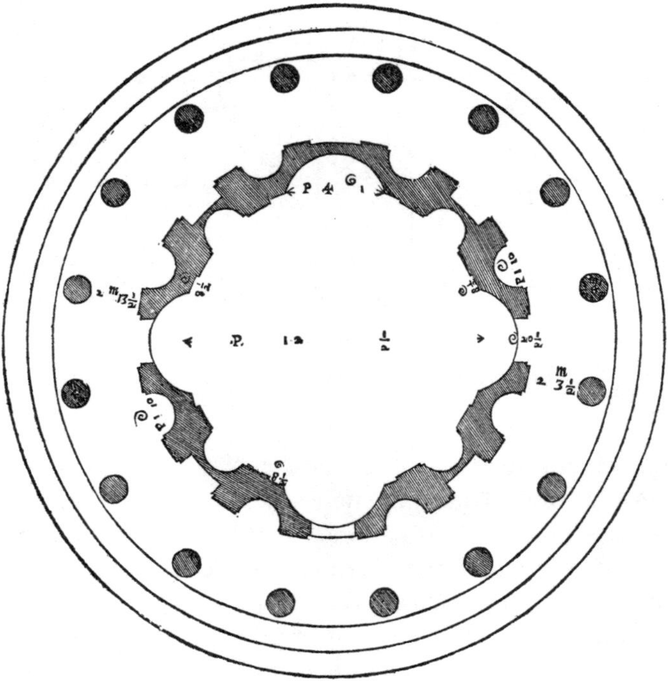

Der Bau steht über der Stelle, wo der hl. Petrus der Legende nach gekreuzigt wurde.

Der Zentralbau in seiner radialen Symmetrie und seinen ausgeglichenen Proportionen galt der Renaissance als das vollkommene Bauwerk.

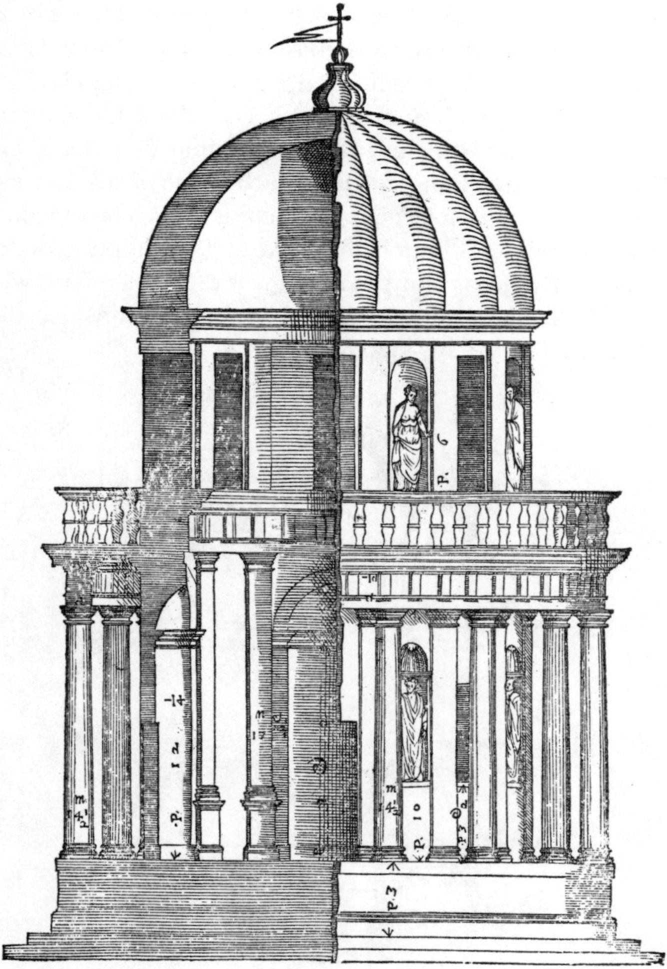

122 Rom, S. Pietro in Montorio, „Tempietto", um 1500 von Donato Bramante, Aufriss und Schnitt

Bramantes Tempietto gilt als der erste Bau der Hochrenaissance. Vorbild waren antike Rundtempel, wie sie in der Regel der Göttin Vesta geweiht waren. Er besteht aus einem geschlossenen zylindrischen Kern, der im Erdgeschoss von einer Kolonnade toskanischer Ordnung über einem dreistufigen Unterbau umgeben ist. Die Säulen tragen einen Architrav und darüber nach Art des dorischen Tempels einen mit Triglyphen geschmückten Fries. Der offene Umgang im Obergeschoss ist von einer Balustrade umgeben, der zylindrische Kern des Baus, in den Nischen (abwechselnd mit geradem und muschelartigem Abschluss) eingelassen sind, wird von einer im Schnitt halbkreisförmigen Kuppel gedeckt.

Andrea Palladio rühmt Bramante als den ersten Baumeister der Neuzeit, der die „gute und schöne Baukunst [sc. der römischen Antike] ans Licht brachte."

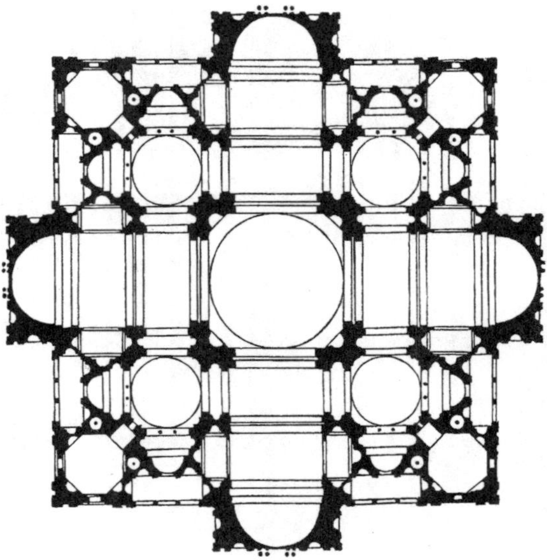

123 Entwurf für den Neubau von St. Peter in Rom, 1506 von Donato Bramante

Wie Michelangelo und Peruzzi plante auch Bramante einen Zentralbau über griechischem Kreuz. Da der Zentralbau jedoch den liturgischen Anforderungen nicht genügte, kamen diese Entwürfe nicht zur Ausführung.

124 Rom, Palazzo Vidoni-Caffarelli, beg. 1524, Raffael zugeschrieben. Radierung von G. B. Piranesi, 1756

Raffael fertigte 1515 einen Entwurf, angeregt durch Bramantes (nicht erhaltenen) Palazzo Caprini von 1501, nach dem der Bau vermutlich ausgeführt wurde. Das Dachgeschoss wurde im 17. Jahrhundert hinzugefügt. Die Schauseite gegen die heutige Via del Sudario umfasste ursprünglich nur die mittleren sieben der heute siebzehn Traveen. Die Fassade ist von massiver, plastischer Körperlichkeit, ganz im Gegensatz zu den Florentiner Bauten des Quattrocento (vgl. S. 137). Das Sockelgeschoss ist mit bandartigen Lagen von Gussbeton rustiziert, die über den Rundbögen der Öffnungen abgewinkelt sind und in der Art von Keilsteinen deren obere Rahmung bilden. Das Hauptgeschoss (Piano nobile) wird durch der Fassade paarweise vorgelegte toskanische Dreiviertelsäulen gegliedert. Die Rahmung der Fenster im Erdgeschoss in Form einer Ädikula, die einen Dreiecksgiebel tragen und von unten durch Konsolen gestützt werden, sind von nun an ein immer wiederkehrendes Motiv in der Baukunst. Dasselbe gilt für die Fenster des Hauptgeschosses mit ihren seichten Balkonen und niedrigen Balustraden zwischen den Sockeln der Doppelsäulen.

125 Rom, Palazzo Farnese. Innenhof, 1534 von Antonio da Sangallo d. J. Obergeschoss 1548 von Michelangelo.

Die Fassade ist dreigeschossig mit der klassischen Staffelung der Säulenordnungen nach dem Vorbild des Colosseums in Rom: Dem Erdgeschoss gehört die dorische bzw. toskanische, dem ersten Geschoss die ionische, dem Obergeschoss die korinthische Ordnung. Neu ist eine durchgängige Zweischichtigkeit der Wand: Den Pfeilern der offenen Arkaden im Erdgeschoss mit ihren halbrunden Bögen sind toskanische Halbsäulen vorgelegt, im ersten Obergeschoss bildet eine ionische Säulenordnung die Grundstruktur, die vor einer Blendarkatur mit Pfeilern und Rundbögen liegt, die den Arkaden des Erdgeschosses gleicht. Im zweiten Obergeschoss sind korinthische Pilaster breiteren Pilastern vorgelegt, die das abschließende Gesims tragen.

126 Florenz, Biblioteca Laurenziana. Vorraum des Leseraums, 1526 von Michelangelo. Zeichnung von Aristotele da Sangallo

In der Art des Quattrocento betont Michelangelo zwar die funktionalen Bauglieder (Säulen, Konsolen und Gesimse) und die Blendfenster mit ihren Ädikulen, indem er sie dunkel von der weißen Wand abhebt, der Charakter des Entwurfs ist in seiner Monumentalität und Plastizität aber ein völlig anderer und entspricht eher dem des Palazzo Vidoni Caffarelli (s. S. 141). Mehr noch: Mit der spannungsreichen Wandgestaltung des engen Vorraums geht Michelangelo bereits über die Hochrenaissance, deren Ideal die in sich ruhende Harmonie war, weit hinaus. Spannung erzeugt er vor allem dadurch, dass er die Körperlichkeit der gekoppelten Säulen zurücknimmt, indem er sie in eingetiefte Wandfelder stellt.

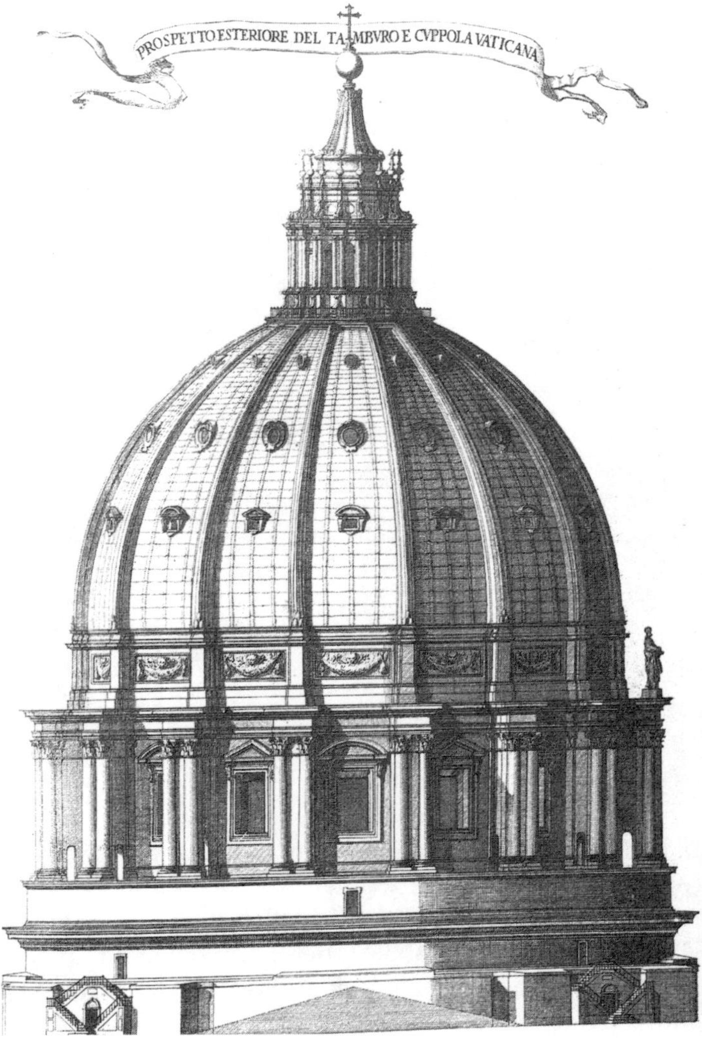

127 Rom, Kuppel von St. Peter, entworfen 1558-1560 von Michelangelo, vollendet 1588-1590 von Giacomo della Porta. Stich von Carlo Fontana, 1694

Bemerkenswert ist der steile Steigungswinkel der Kalotte, deren Längsschnitt damit paraboloid verläuft, im Gegensatz zur halbkugelförmigen Kuppel der Hochrenaissance (vgl. den Tempietto des Bramante, S. 139). Der Tambour wird durch gekoppelte ionische Säulen unter stark vorkragendem Gebälk gegliedert, von dessen Verkröpfungen die Rippen der Kuppel steil zur Laterne aufsteigen, die wiederum von Säulenpaaren umgeben ist und von einer konkav einschwingenden Spitze mit krönendem Knauf versehen ist.

128 Wald von Bomarzo, Casa pendente (das „schiefe Haus"), 1552

Der Architekt ist nicht bekannt, infrage kommen Pirro Ligorio, Vignola oder Bartolomeo Ammanati. Das "hängende" Haus entspricht zwar mit seinen rustizierten Ecken, den Fensterrahmungen oder dem Zahnschnittfries der zeitgenössischen Architektur, stellt aber durch seine schiefe Stellung eine beabsichtigte Absurdität dar, im Gegensatz zu den Bauten des Dekonstruktivismus Jahrhunderte später (s. S. 251).

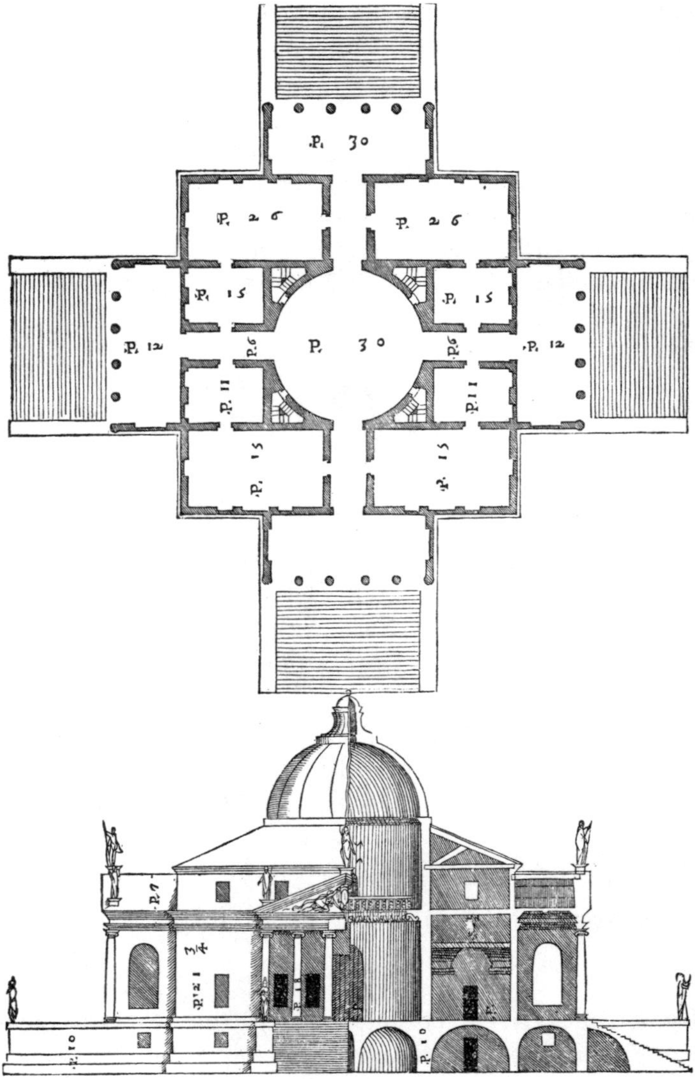

129 Vicenza, Villa Rotonda, beg. 1567 von Andrea Palladio

Der von einer flachen Kuppel gekrönte Zentralbau hat vier identische Fassaden, denen jeweils eine Tempelfront mit ionischen Säulen nach dem Vorbild des römischen Antentempels (s. S. 20) vorgelegt ist. Mit der Harmonie seiner Proportionen verkörpert er in Vollendung das architektonische Ideal der Renaissance.

Die Antike gilt Palladio, dem Renaissance-Architekten, als vorbildhaft: „Man lernt von guten Vorbildern … in kurzer Zeit auf einem kleinen Blatt Papier durch Vermessen viel mehr, als ein Leser durch Worte und nur mit dem Kopf ... zu einer sicheren und gewissen Kenntnis des Gelesenen kommt und sie schließlich mit großer Mühsal anwendet“, sagt er im Vorwort zum dritten Buch und er liefert dem Baumeister exakte Konstruktionsanleitungen für alle Teile der römischen Bauten wie Säulenbasen, Kapitelle oder Gesimse.

130 Vicenza, Basilica (Palazzo della Ragione), beg. 1549 von Andrea Palladio

Palladio unternahm hier die Ummantelung eines bereits existierenden gotischen Baus von Domenico da Venezia. Das Erdgeschoss gliedern Säulen toskanischer Ordnung, das Hauptgeschoss (1. Stock) solche ionischer Ordnung. Beide Geschosse sind nach demselben Prinzip gestaltet: Mächtige auf Säulchen ruhende Rundbögen wechseln mit geschlossenen Wandflächen über Architraven ab, die jeweils zwei der Säulchen verbinden. Eine monumentale Säulenordnung trennt die einzelnen Joche, eine Säule teilt jede Wandfläche in zwei Teilflächen, die jeweils mit einem Tondo verziert sind. Dieses Motiv geht letztlich auf die Antike zurück und wurde von Serlio aufgegriffen und publiziert.

131 "Serliana", auch "Palladio-Motiv". Aus Sebastiano Serlio, Libro Extraordinario di architettura, 1540

Das Motiv findet sich u.a. am Diokletianspalast in Split (um 300 n. Chr.) und zählt seit Serlio und Palladio (wie an dessen Basilica in Vicenza) zu den am häufigsten verwendeten Motiven in der Baukunst.

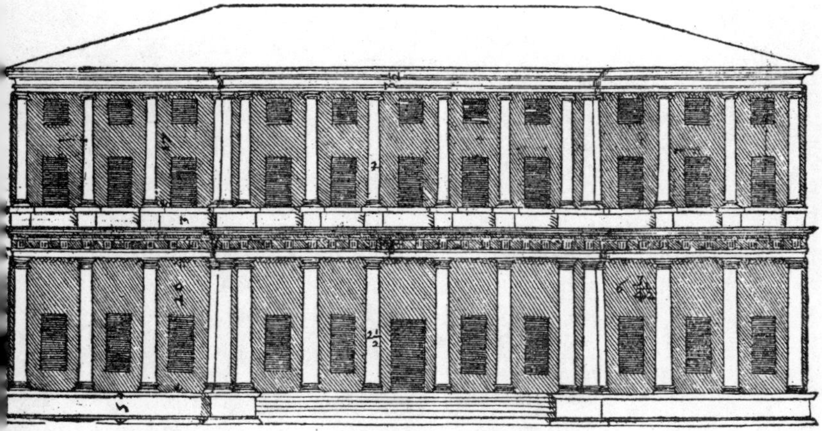

132 Vicenza, Palazzo Chiericati, 1550 von Andrea Palladio

Palladio wagt hier eine völlig neue Fassadengestaltung. Die kolossalen Säulenordnungen – im Erdgeschoss toskanisch, im Hauptgeschoss ionisch – finden hier zum ersten Mal an einer Fassade des Außenbaus Verwendung, statt wie bisher nur im Innenhof. Beide Geschosse des elfachsigen Baus sind annähernd gleich hoch. Das Erdgeschoss ist als offene Kolonnade mit toskanischen Säulen gestaltet, die einen Architrav mit darüber liegendem Triglyphenfries tragen, im Obergeschoss, dessen Mitte ein fünfachsiger geschlossener Block einnimmt, sind es Säulen der ionischen Ordnung. Die hohen schmalen Fenster des Mittelteils sind im Wechsel jeweils mit einem Dreiecksgiebel und einem Segmentgiebel bekrönt (vgl. Michelangelos Vorraum zur Biblioteca Laurenziana). Anders als bei Baldassare Peruzzis Palazzo Massimo in Rom (ab 1535) sind die Fenster des Hauptgeschosses mit denen des darüber liegenden Halbgeschosses zu einer Einheit zusammengefasst. Der leicht vorspringende Mittelblock mit anliegenden ionischen Halbsäulen wird von offenen Loggien flankiert. Neu sind die Statuen auf dem Dach in der Art antiker Akroterien.

133 Venedig, Il Redentore, beg. 1577 von Adrea Palladio. Gemälde von Antonio Visentini

Der Bau des Redentore gilt als ideale Verbindung von Zentral- und Longitudinalbau. An die quadratische Vierung mit ihrer mächtigen Kuppel schließen sich im Süden und Norden halbrund geschlossene Querarme an, im Osten gibt eine offene Säulenstellung, ebenfalls über halbrundem Grundriss, den Blick in die Apsis frei. Im Westen schließt sich das dreijochige Langhaus an. Der Innenraum ist eine lichtdurchflutete, schmucklose Halle, dessen Kapitelle, Gebälk, Zahnschnittfries und Balustrade des Kuppelansatzes sich grau vom Weiß der Wand und der Säulenschäfte abheben, also in der Art, in der das Quattrocento in Florenz sich architektonisch artikuliert hatte (s. S. 130).

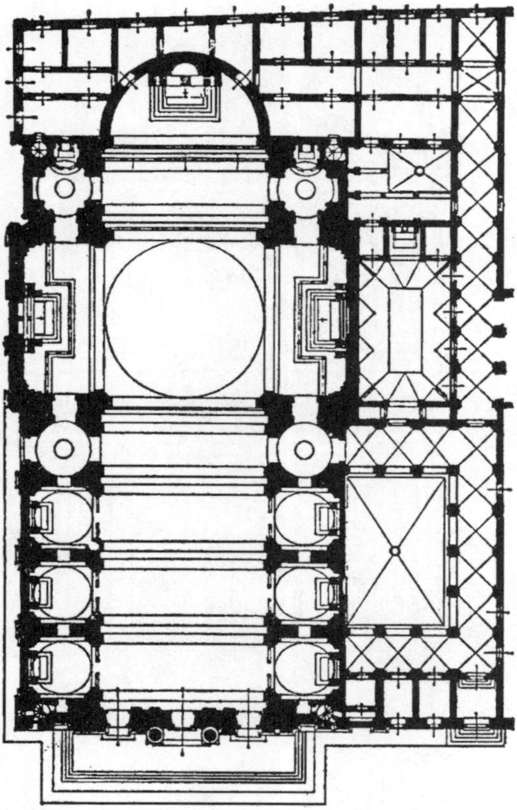

134 Rom, Il Gesù, beg. 1568 von Vignola. Grundriss

Vignolas Bau des Gesù führt die Tradition der Langhausbauten eines Brunelleschi und vor allem Albertis (S. Andrea in Mantua, s. S. 133) fort. Wie in S. Andrea sind die Seitenschiffe durch Kapellen ersetzt, die sich hier jedoch mehr als Teile eines Ganzen zu erkennen geben, das von dem breiten tonnengewölbten Mittelschiff und der mächtigen von Licht durchfluteten Kuppel dominiert wird. Hier zeichnet sich eine Entwicklung ab, die bereits den Weg zur barocken Kirchenarchitektur einschlägt.

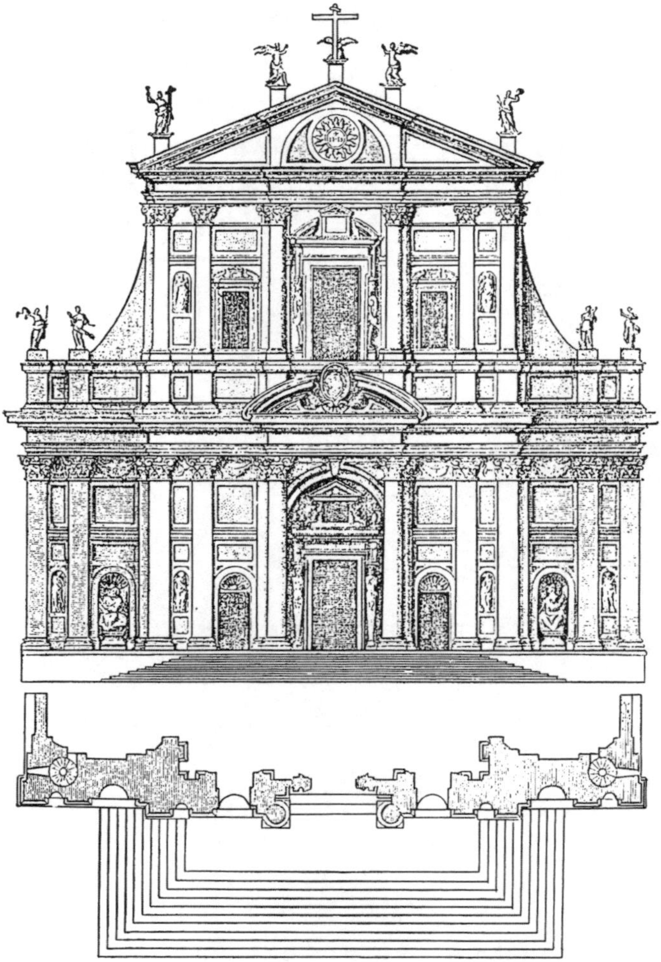

135 Rom, Il Gesù, Fassadenentwurf von Vignola

Wie bei der Basilika bildet die Fassade in Umrissen einen Querschnitt durch den Bau.

Ihre Gestaltung durch Giacomo della Porta schlägt jedoch einen völlig neuen Weg der Fassadengliederung ein. Der hohe, von einem Dreiecksgiebel abgeschlossene Mittelteil wird durch Kolossalordnungen von Pilastern gegliedert, das betonte Mittelportal ist von Säulen gerahmt. Voluten leiten vom Mittelteil des Giebels zu den niedrigeren Flanken über. Die deutliche Betonung der Mitte, deren vertikale Achse die Fassade in zwei spiegelgleiche Hälften teilt, ist wegweisend für die Entwicklung barocker Kirchenfassaden.

Renaissance und Manierismus im Norden

Um 1520 bis um 1600

Auf den alten Handelswegen verbreitete sich der neue Baustil aus Italien in die Länder im Norden, wo er jedoch nur zögernd aufgenommen wurde. Die Architektur blieb dort noch weit bis ins 16. Jahrhundert hinein gotischer Bauweise verpflichtet. Lediglich einzelne Elemente des neuen Stils werden in eklektischer Weise wie einem Baukasten entnommen.

So zeigt sich diese nördliche Renaissance vor allem in einer oft flächendeckenden, vielgliedrigen Ornamentik. Keinem der Architekten gelingt ein großer Wurf wie etwa Palladio mit seinem Kirchenbau von Il Redentore in seiner Monumentalität, Klarheit und Ausgewogenheit, wenn der Zierrat deutscher Renaissancefassaden unter niederländischem Einfluss auch in seiner fantasievollen Formenfülle durchaus einen ästhetischen Reiz haben mag.

Mit dem Beginn der Neuzeit gewinnt die Profanbaukunst zunehmend an Bedeutung. Schlossbauten, Rathäuser, Zunftbauten und die Wohnhäuser wohlhabender Bürger stehen nun im Mittelpunkt einer regen Bautätigkeit.

In Deutschland zeigt sich der neue Stil zuerst in Süddeutschland. Die Fuggerkapelle in St. Anna in Augsburg, gestiftet 1509 von Jakob Fugger, greift bereits Renaissancemotive auf, die allerdings auf die Ausstattung beschränkt bleiben.

136 Landshut, Stadtresidenz. Der "Italienische Bau", 1536-1543. Stich von Michael Wening, 1701/1726

Der (der Isar zugewandte) Westflügel der vierflügeligen Anlage spiegelt die jüngste Entwicklung des Palastbaus in Italien wieder. Die unmittelbare Anregung erhielt der Bauherr, Herzog Ludwig X. von Baiern, in Mantua, wo er den soeben fertiggestellten Palazzo del Te von Giulio Romano (1524-1534) besucht hatte. Der Hof des Italienischen Baus ist von zweigeschossigen Fassaden umgeben, deren Erdgeschoss eine offene Kolonnade mit toskanischen Säulen darstellt. Das Obergeschoss ist durch korinthische Kolossalpilaster gegliedert, die die Zone der Fenster mit ihren abwechselnden Dreiecks- und Segmentgiebeln und die darüberliegenden quadratischen Blendfenster zu einem Geschoss zusammenfassen. Eine ähnliche Wandgestaltung hatte Michelangelo zehn Jahre zuvor für die Biblioteca Laurenziana in Florenz entworfen (s. S. 142). Ganz unitalienisch ist in Landshut die Rustizierung der Wand in den Zwickeln zwischen den Bogenrundungen.

137 Kulmbach, Plassenburg. Der „Schöne Hof", um 1562-1575 von Caspar Vischer

Der Bau, ursprünglich markgräfliche Residenz und zugleich Landesvestung, zählt zu den bedeutendsten Beispielen der deutschen Renaissancebaukunst. Der Hof ist dreigeschossig mit massiven Pfeilerarkaden im Erdgeschoss und Umgängen mit weiten Bogenstellungen in den beiden Obergeschossen.

Stützen, Wandflächen und Brüstungen der Umgänge sind gleichmäßig mit reliefierten Ornamenten versehen. Dass die Tondi mit den Porträtköpfen ein antikes Motiv wiedergeben, gerät darüber fast in Vergessenheit.

138 Heidelberg, Schloss, Ottheinrichsbau, 1556-1559. Zeichnung des 19. Jhs.

Der Entwurf stammt vermutlich von Caspar Vischer, Jakob Heider und Antoni Pauwert, der Fassadenschmuck in der Art von Cornelis Floris und Peter Flötner von Alexander Colins.

Der dreigeschossige Bau mit zweiläufiger wandparalleler Außentreppe übernimmt klassische Bauelemente und Schmuckmotive wie den rustizierten Sockel, die Pilasterordnung der Fassade, die Dreiecksgiebel über den Fenstern und hat dennoch einen von den italienischen Vorbildern völlig abweichenden Charakter. Die Verunklärung der Struktur durch ein kleinteiliges Ornament, das Vielfalt ohne architektonische Einheit erzeugt, ist ein Merkmal nicht nur der deutschen Renaissance, wie die Fassade der Universitätsbibliothek in Salamanka zeigt.

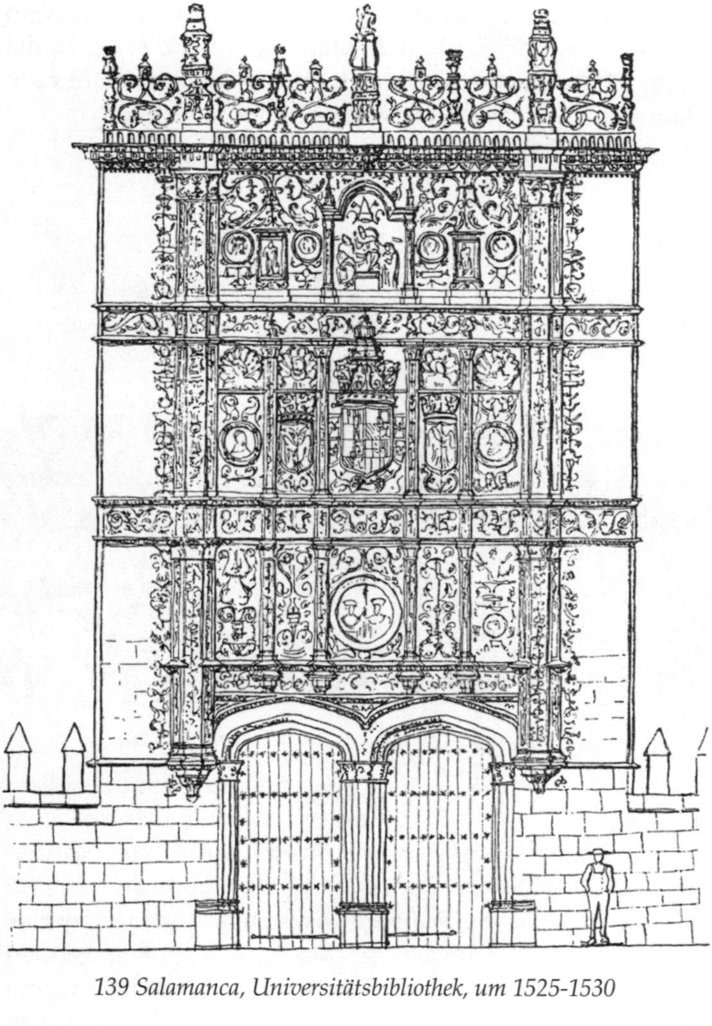

139 Salamanca, Universitätsbibliothek, um 1525-1530

Auch hier dominiert das Ornament, das sich an diesem Beispiel jedoch – unter arabischem Einfluss – wie ein reich verzierter Wandbehang vor die Fassade legt.

***

Während Süddeutschland die Anregungen des neuen Stils unmittelbar aus Italien empfangen hatte (s.o.), findet er im Norden auf dem Umweg über die Niederlande nach Deutschland und entfernt sich dabei immer weiter von den klassischen Vorbildern.

140 Antwerpen, Rathaus, 1561 von Cornelis Floris

An dem dreigeschossigen Bau des Rathauses von Antwerpen dominieren die Öffnungen: die Pfeilerarkaden im Erdgeschoss, die dicht gereihten Fenster im ersten und zweiten Obergeschoss. Der dreiachsige Mittelteil hat größere Fensteröffnungen und ist durch ein leichtes Risalit betont. Trotz der Details wie der Rustika des Erdgeschosses, der (römischen) Fensterunterteilung, den gliedernden Säulen und des Zahnschnitts hat die Gesamterscheinung nichts mit den Bauten Antonio da Sangallo oder Baldassare Peruzzi gemein. Besonders fällt der typische nordische, reich gegliederte mehrgeschossige Giebel mit Nischenfiguren und flankierenden Obelisken ins Auge.

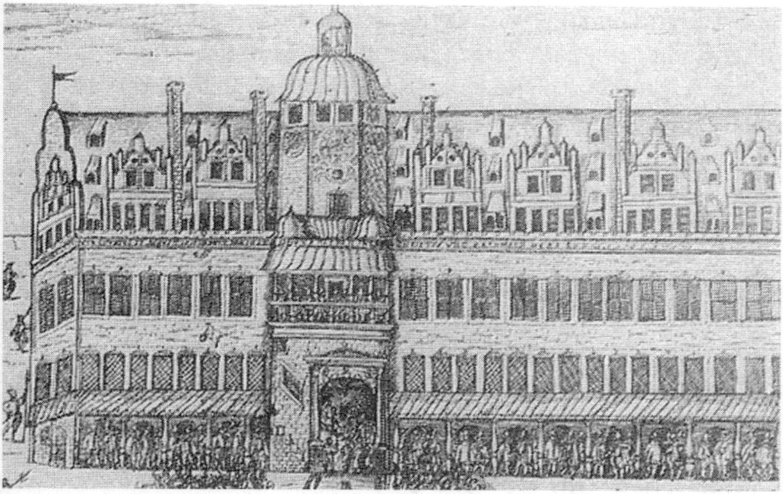

141 Leipzig, Rathaus, 1557. Flugblatt von 1593, Ausschnitt

*142 Aschaffenburg, Schloss, 1604-1614 von Georg Ridinger.
Zeichnung von Ridinger 1611*

Während in Italien nur wenig später Hauptwerke des Barock entstehen wie der Palazzo Barberini in Rom (begonnen 1628), behauptet sich die Renaissance im Norden ähnlich standhaft wie zuvor die Gotik.

Die geschlossene Vierflügelanlage über quadratischem Grundriss des Schlosses Aschaffenburg entspringt einem einheitlichen, völlig symmetrischen Plan (nur der Turm im Nordwestflügel ist ein Überrest der Burg, die zuvor an dieser Stelle stand). Die Bauornamente greifen die Elemente der italienischen Renaissance auf, etwa die Rahmung des Portals zur Kapelle. Die Gesamtplanung ist jedoch geprägt durch Vorbilder des Nordens wie auch die Fassadengestaltung der einzelnen Flügel. Die Südostfassade etwa mit dem zentralen Giebel scheint vom Typus des Rathauses in Antwerpen inspiriert (s. S. 158).

143 Heidelberg, Schloss, Friedrichsbau,
1601-1604 von Johannes Schoch. Zeichnung des 19. Jhs.

Der dreigeschossige Bau verwendet in kleinteiliger, geradezu eklektischer Weise Elemente der italienischen Renaissancebaukunst: im Erdgeschoss hohe schmale Fenster, die das römische Fensterkreuz mit dem Florentiner Fenstertypus des Quattrocento (s. S. 137) kombinieren und mit Dreiecksgiebeln abschließen, und Pilaster, die mit Nischenfiguren abwechseln. Die Schweifgiebel mit rahmenden Voluten im Dachgeschoss hingegen sind eindeutig nordischer Provenienz.

***

Das Ornament im Norden

Während die Bauten nördlich der Alpen strukturell noch bis ins späte 16. Jahrhundert hinein gotisches Gepräge beibehalten, entwickelt sich hier ein eigenständiges Ornament.

144 Beschlagwerk. Stich von Gabriel Krammer, 1611

Das Beschlagwerk ist ein flächiges, bandförmiges Ornament der zweiten Hälfte des 16. Jahrhunderts, das seinen Namen den eisernen Beschlägen von Türflügeln und Truhen verdankt.

IL PRIMO
LIBRO
D'ARCHITETTVRA,
DI M. SABASTIANO
SERLIO BOLOGNESE.

145 Kartusche mit Rollwerk. Sebastiano Serlio, Titelblatt zum 1. Buch der Sette libri dell'architettura,1551

In Frankreich tritt das Rollwerk zum ersten Mal um 1530/40 in der Galerie Franz I. im Schloss von Fontainebleau auf (s. S. 136) und wird dann in den Niederlanden durch Hinzufügung von Blatt- und Blumenornamenten weiter entwickelt. Es leitet von der Renaissance zum Manierismus über. Einen künstlerischen Höhepunkt findet es in der Gestaltung des „Goldenen Saals“ im Schloss Bückeburg, um 1610.

146 Ohrmuschelornament, Knorpelwerk.
Stich von Godfridt Müller, 1621

Das Ohrmuschelornament und das aus ihm entwickelte Knorpelwerk bestimmen das Ornament des Manierismus von etwa 1620 bis um 1660. Im Unterschied zum Rollwerk assoziiert es, wie die Namen aussagen, organische Formen.

Renaissance und Manierismus in Frankreich

Um 1520 bis um 1620

Die Frühstufe französischer Renaissance manifestiert sich zuerst in den Schlossbauten an der Loire. Doch wie in den Niederlanden und Deutschland zeigt sich der neue Stil aus Italien zunächst mehr im ornamentalen Detail als im strukturellen Konzept der Bauten. Das wird deutlich am Ausbau der Schlosses Blois mit dem unter Franz I. errichteten Flügel.

147 Blois, Schloss, Flügel Franz I. mit Treppenturm, um 1520

Der Treppenturm des Schlosses Blois ist das letzte bedeutende Beispiel einer Außentreppenanlage. Die spiralig ansteigende Treppe mit niedrigen Stufen ist von einem durchbrochenen Gehäuse umgeben, an dem kaum noch Mauer in Erscheinung tritt. Diese Transparenz ist um so augenfälliger im Vergleich mit den geschlossenen beiden Türmen mit den kleinen Fensteröffnungen des älteren Flügels.

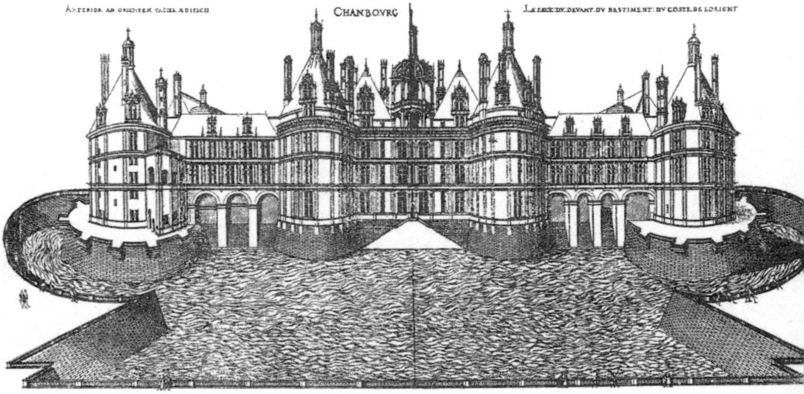

148 Chambord, Schloss, beg. 1519. Stich von Du Cerceau, 1576

Das Schloss Chambord ist das bedeutendste der Loire-Schlösser. Die Anlage – ursprünglich ein Wasserschloss – bildet einen äußeren geschlossenen Ring von meist niedrigeren Gebäuden, in dessen Nordwestflügel sich das Schloss eingliedert. Es ist auf quadratischem Grundriss mit runden Ecktürmen errichtet, wobei der eigentliche Wohntrakt (*corps de logis*) kreuzförmig angelegt ist. In seinem einheitlichen Konzept, den ausgewogenen Proportionen und der straffen Gliederung bricht es endgültig mit der mittelalterlichen Tradition des Schlossbaus über unregelmäßigem Grundriss, bei dem ein mächtiger Wohn- und Wehrturm das Erscheinungsbild dominierte.

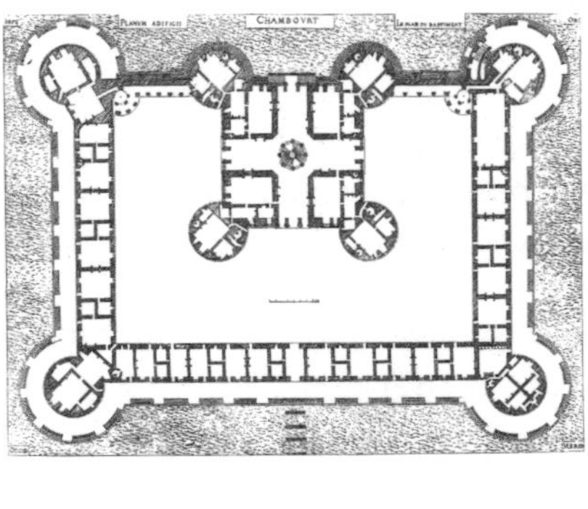

149 Chambord, Grundriss

Im Zentrum des Wohntraktes liegt das (vielleicht von Leonardo da Vinci entworfene) Treppenhaus. Es stellt eine Doppelhelix dar, das heißt zwei unabhängige Wendeltreppen sind so ineinander verschlungen, dass auf- und absteigende Besucher einander nicht im Weg sind. Solche Treppen hatten zuvor nur praktische Bedeutung für die Arbeiten am Bau (wie in der Südmauer von S. Andrea in Mantua). Nun aber begann man, der Treppe mehr Beachtung zu schenken und sie in die künstlerische Gestaltung einzubeziehen.

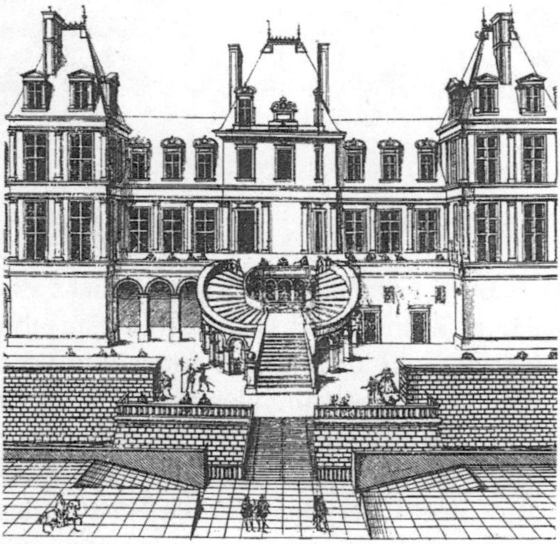

150 Fontainebleau, Schloss, Cour du Cheval Blanc mit der ursprünglichen Treppe von Philibert de l'Orme, um 1540

Die Hauptfassade vermittelt den Eindruck typischer nordischer Renaissance dank der hohen, steilen Dächer und der kräftigen Risalite rechts und links der Mitte mit ihren schmalen hohen Fenstern und Dachgauben. Bemerkenswert ist die doppelläufige „Hufeisentreppe" in ihrer heutigen Gestalt von Jean A. Ducerceau (1632-1634), die die schlichtere Anlage Philibert de l'Ormes ersetzte.

Bedeutung erlangt hat der Bau vor allem durch die prächtige Galerie Franz I., die von italienischen Künstlern wie Rosso Fiorentino und Primaticcio ausgestaltet wurde.

151 Paris, Louvre, Hof, beg. 1546 von Pierre Lescot

Mit dem Bau der Coure Carrée des Louvre erreicht die Renaissance das Zentrum der französischen Königsmacht. Während die Renaissance-Elemente an Bauten wie dem Schloss Ecouen oder der Giebelfront des Schlosses Anet (1547-1552 von Philibert de l'Orme) noch wie Versatzstücke wirken, sind sie hier strukturbildend. Kannelierte Kolossalpilaster gliedern Erd- und Obergeschoss, die Fenster des Obergeschosses werden von Dreiecksgiebeln gekrönt, die von Pilastern getragen werden. Mit dem abschließenden Mezzanin greift Lescot ein Motiv des italienischen Palastbaus auf. Insgesamt ist das italienische Vorbild in Gestalt des Hofs des Palazzo Farnese in Rom (s. S. 142) augenfällig. Doch das hohe Dach und die Betonung von Mitte und Ecken durch feiner gegliederte Risalite mit dem das Dach überschneidenden Segmentbögen lassen den Bau unverkennbar französisch erscheinen.

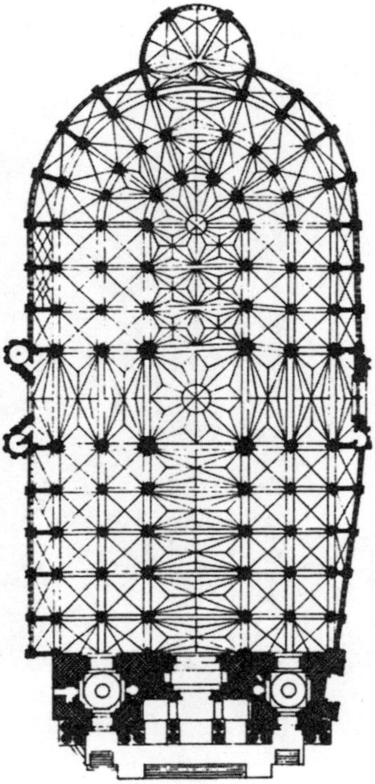

152 Paris, St. Eustache, beg. 1532

Mit welcher Verzögerung die Renaissance ihren Weg nach Frankreich findet, zeigt sich besonders in der Sakralarchitektur. Der fünfschiffige Grundriss und das Strebewerk des Außenbaus von Saint-Eustache ließen auf eine gotische Kathedrale schließen. Der eher breitenbetonte Bau vor allem der Südfassade (die Westfassade wurde erst 1754 hinzugefügt) und die rundbogigen Fensteröffnungen hingegen sprechen die Formensprache des neuen Stils. Der Gesamteindruck des Innenraums ist infolge der dominierenden Aufwärtsbewegung und des durchlichteten Triforiums gotisch, doch den hoch aufstrebenden Pfeilern gotischer Art sind Pilaster mit klassischen Kapitellen vorgelegt.

153 Paris, St. Étienne du Mont. Fassade, 1610-1622 von Claude Guérin. Stich von Huguet-Ainé und Ch. Fichot

Die Fassade, gerade einmal 11 Jahre vor dem Baubeginn von San Carlo alle Quattro Fontane in Rom (s. S. 176) vollendet, vereint in sich Elemente der Gotik wie der Renaissance. Die Mitte erhält ihre Akzente durch einen von bossierten Säulen getragenen Dreiecksgiebel über dem Hauptportal, darüber liegt eine Rose wie die der gotischen Kathedralen unter einem klassischen Segmentgiebel. Den oberen Abschluss bildet ein Wimperg nach gotischer Art, aber die gesamte Fassade ist einem gleichschenkligen Dreieck eingeschrieben, dessen Schenkel in der Verlängerung der Seiten des Wimpergs nach unten an den Eckpunkten der Basis enden. Das Strebewerk des Außenbaus gleicht dem der gotischen Kathedralen.

***

England nimmt eine Sonderstellung ein, denn hier wird der neue Stil, vor allem in seiner Verkörperung durch die Bauten Palladios, bereitwillig aufgenommen und bleibt sogar von 1600 bis 1800 der beherrschende Baustil („Palladianismus").

154 John Webb, Wiltshire, Amesbury Abbey, um 1659. Aus Colen Campbell, Vitruvius Britannicus, 1717

In der Zeit des Hochbarock in Italien übt sich die englische Architektur in klassischer Zurückhaltung. Webbs Bau, der sich in ein Sockelgeschoss und ein Hauptgeschoss mit abschließendem Mezzanin gliedert, ist nahezu schmucklos. Ein durchgehendes Risalit betont die Mitte durch eine Portikus, die mit kompositen Monumentalsäulen Haupt- und Mezzaningeschoss zusammenfasst.

Barock

1600 bis 1760

In der Renaissance ruht im Idealfall das Bauwerk in sich. Im Barock nimmt es Kontakt zu seinem Betrachter und Begeher auf. Das geschieht mittels der Zentralperspektive, die jedoch zugleich auch die Mittel zur Täuschung bereitstellt. Der Barock ist ein Meister der Täuschung. Säulen aus bemaltem Gips („Stuckmarmor") geben vor, aus Marmor zu sein, perspektivische Malerei gibt vor, Architektur zu sein, Kuppeln, dem Augenschein nach aus Stein, getragen von Gebälk und Säulen, sind in Wahrheit aus Holz und im Dachstuhl verankert.

Das *trompe-l'oeuil* (die Augentäuschung) hat zwar schon eine längere Geschichte hinter sich, wird jedoch im Barock zum bevorzugten Täuschungsmittel ebenso wie der Spiegel, der enge Räume optisch erweitert. Der Erfolg der Täuschung setzt allerdings höchstes handwerkliches Können voraus. Sofern es sich um illusionistische Malerei handelt (etwa die gemalten Kuppeln in Sant'Ignazio in Rom oder der Jesuitenkirche in Wien von Andrea Pozzo), kommt man der Irreführung immerhin leicht auf die Schliche, da die perfekte Täuschung nur von einem bestimmten Standort des Betrachters aus gelingt. So wird der Betrachter mit einbezogen, nämlich indem er aufgefordert wird, sich zu bewegen.

Charakteristisch für den Barock ist die Vereinigung von Architektur, Plastik/Skulptur und Malerei zu einem „Gesamtkunstwerk", erweitert um alle kulturellen Bereiche wie Theater, Tanz und Musik, ja Politik, die mit komplexen Programmen in Malerei und Plastik zu Wort kommt.

Barock in Italien

Die führende Rolle, die die italienische Baukunst für die Renaissance innehatte, behauptet sie zunächst auch im Barock.

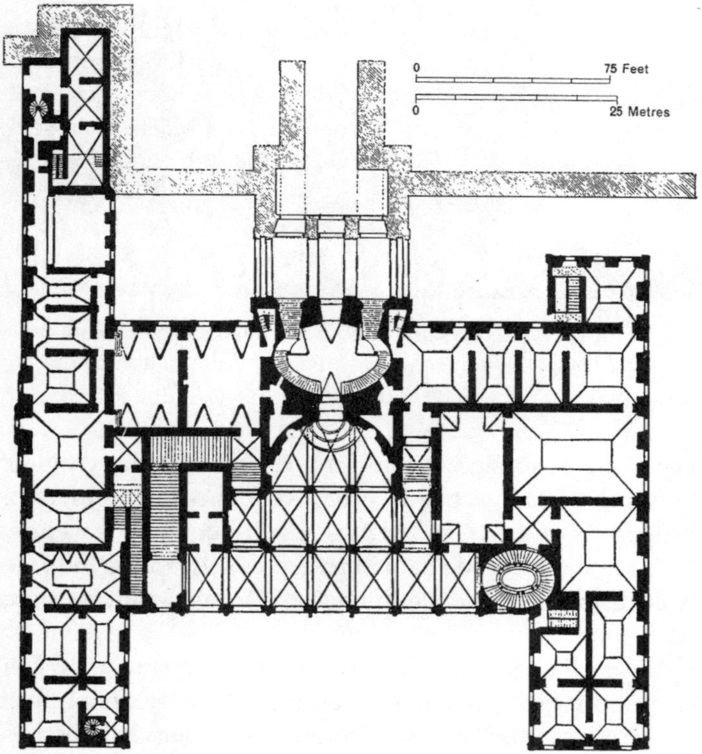

155 Rom, Palazzo Barberini, beg. 1628 von Carlo Maderna

Der traditionelle Typus einer vierflügeligen Anlage mit quadratischem Innenhof etwa des Palazzo Farnese (s. S. 142) ist hier aufgegeben. An den quer gelagerten Hauptbau schließen im rechten Winkel zur Hof- wie zur Gartenseite jeweils zwei kurze seitliche (zum Garten hin ungleich lange) Flügel an.

156 Rom, Palazzo Barberini. Fassade von Lorenzo Bernini und Francesco Borromini. Radierung von G. B. Piranesi, 1756

Die dreigeschossige Fassade mit durchwegs rundbogigen Öffnungen zählt sieben Achsen, von denen die mittlere im Erdgeschoss durch ein leichtes Risalit betont ist. Zwei den Eingang flankierende Säulen tragen das vorspringende Gebälk, das im Piano nobile einen seichten Balkon mit Brüstung bildet.

Das Erdgeschoss mit den auf Rundbögen ruhenden Pfeilern und vorgelegten toskanischen Halbsäulen ähnelt noch der Hoffassade des Palazzo Farnese, die beiden Obergeschosse (mit ionischen Halbsäulen im Piano nobile, korinthischen Pilastern im zweiten Obergeschoss) unterscheiden sich jedoch wesentlich von ihr in der Gestaltung der Fenster. Auf deren Bekrönung mit Dreiecks- und Segmentgiebeln hat Bernini verzichtet. Stattdessen sind die relativ schmalen hohen Fenster rasterartig unterteilt, und mit der perspektivisch gestalteten Laibung des oberen Fensterabschlusses im zweiten Obergeschoss kommt ein völlig neues und typisch barockes

Konzept ins Spiel (vgl. S. 172). Insgesamt wirkt die Fassade infolge der schmaleren Interkolumnien im Erdgeschoss und der größeren Fensterfläche leichter und graziler.

157 Rom, Palazzo Barberini, Fensterrahmung mit zentralperspektivischer Wirkung. Zeichnung von Borromini

***

Der Langhausbau von Il Gesù hatte einen für Jahrhunderte gültigen Typus geschaffen. Dennoch gerät auch der Zentralbau nicht in Vergessenheit. Im Unterschied zur Renaissance, deren Ideal der kreisförmige Grundriss entsprach, bevorzugen die Baumeister des Barock das (meist längs gerichtete) Oval. Schon im Cinquecento entstanden etliche Kirchenbauten über ovalem Grundriss, wie Sant'Anna dei Palafrenieri im Vatikan nach dem Entwurf von Vignola (um 1570). Anders als in der Renaissance, in der die einzelnen Bauteile klar gegeneinander abgegrenzt waren, überschneiden, durchdringen sie im Barock einander.

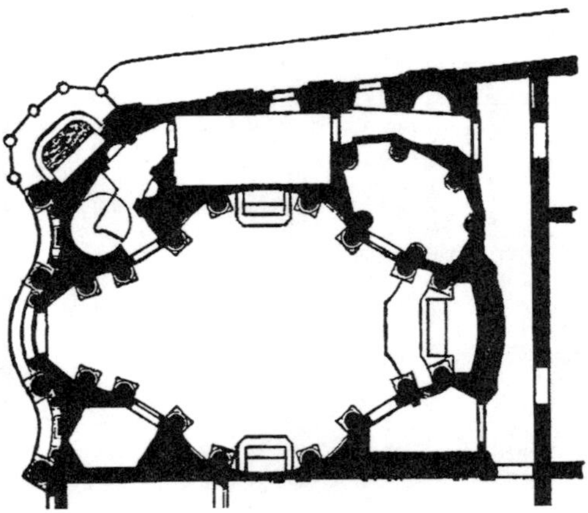

158 Rom, S. Carlo alle Quattro Fontane (S. Carlino), beg. 1633 von Francesco Borromini

S. Carlo liegt über längsovalem Grundriss mit halbovalen Ausbuchtungen an den Langseiten und solchen über halbrundem Grundriss an den schmalen Enden. In geringem Abstand zur Wand stehen (zum Teil in seichten Nischen) 16 Säulen, die ein durchgehendes Gebälk tragen. Die ovale Kuppel bedeckt ein wabenartiges Muster aus abgetreppt eingetieften Vielecken und Kreuzen, zur achteckigen Laterne hin systematisch verkleinert, sodass ein perspektivischer Eindruck entsteht. Dasselbe Prinzip zeigt sich in den perspektivisch verzerrten, mit Rosen verzierten Kassetten der

Teilkuppeln über den apsidialen Ausbuchtungen an den Seiten und an der Eingangsseite.

159 Rom, S. Carlo alle Quattro Fontane. Fassade, 1667 von Francesco Borromini

Die Fassadengestaltung ist ohne Vorbild und bis in den deutschen Spätbarock wegweisend. Die bis dahin planimetrische Wand scheint in Bewegung geraten: Der konvex vorschwingende Mittelteil wird von zwei konkav eingezogenen Traveen flankiert. Die abgeschrägte, von einem Turm bekrönte linke Ecke ist einem kleinen Platz zugewandt, an dessen Ecken je ein Brunnen steht (daher der Name „alle quattro Fontane").

160 Rom, Galerie im Hof des Palazzo Spada von Francesco Borromini, 1634. Zeichnung von Borromini

Die von Francesco Borromini ab 1635 erbaute Galerie im Hof des Palazzo Spada in Rom bedient sich der Zentralperspektive für eine verblüffende Augentäuschung, die darin besteht, dass der Gang wesentlich länger erscheint, als er realiter ist. Diesen Effekt erzielt Borromini dadurch, dass die Säulen der Galerie mit zunehmender Tiefe systematisch kleiner, die Interkolumnien schmaler werden.

Dreißig Jahre später schuf Lorenzo Bernini die berühmte Scala Regia im Vatikan (1663-1666). Die tonnengedeckte Treppe wird von ionischen Säulen begleitet. Auch Bernini bedient sich hier eines Effekts barocker Bühnenprospekte, indem er die Höhe der Säulen stetig mindert und die Breite der Treppe verringert, um eine größere Tiefe vorzutäuschen.

161 Rom, S. Agnese in Agone, beg. 1652 von Girolamo und Carlo Rainaldi und Francesco Borromini. Radierung von G. B. Piranesi, 1756

Auf Borromini gehen die konkav einschwingende Fassade und die zweigeschossigen loggienartigen Türme zurück. Die für Rom ungewöhnliche Zweiturmfassade hatte ihre Auswirkungen im Norden, zumal in Österreich auf die Bauten Fischers von Erlach (z.B. die Dreifaltigkeitskirche in Salzburg).

162 Entwurf für eine Kirche in der Art von S. Agnese. Zeichnung von Filippo Juvarra, 1707

163 Rom, Kolonnaden des Petersplatzes, 1656-1667 von Gian Lorenzo Bernini. Radierung von G. B. Piranesi, 1756

Mit dem Entwurf für eine architektonische Strukturierung des Platzes vor dem Dom gelang Bernini eine der grandiosesten städtebaulichen Leistungen. Das den östlichsten Teil des Platzes (die Peterskirche ist nicht geostet) einnehmende Queroval wird von zwei Armen der Kolonnaden mit 284 Säulen toskanischer Ordnung, je vier nebeneinander, umschlossen. Von den dem Dom zugekehrten Enden werden sie, trapezförmig sich öffnend, bis auf die Höhe der Vorhalle des Doms weitergeführt, die sie schließlich mit ihren rechtwinklig abbiegenden Enden umklammern.

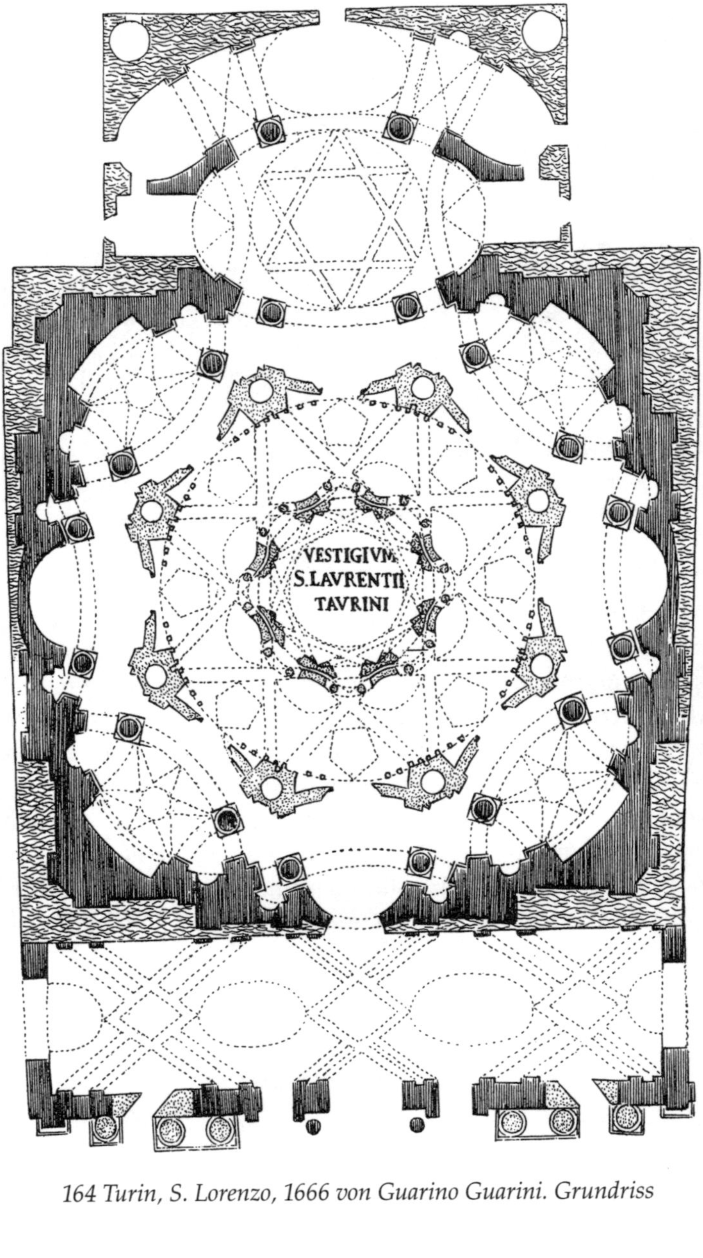

164 Turin, S. Lorenzo, 1666 von Guarino Guarini. Grundriss

Mit den Bauten Guarinis erreicht die barocke Baukunst in Italien einen Höhepunkt, dies aber nicht in Rom, sondern im Norden, im Piemont. Schon im Grundriss von San Lorenzo verrät sich der Mathematiker Borromini, zumal in der Konstruktion der Kuppel, die aus einem achtzackigen Stern besteht, der aus sich kreuzenden Rippen gebildet wird und mit einem zentrierten Achtpass unterlegt ist. Aber auch Anregungen durch maurische Architektur (während einer vermuteten Reise nach Spanien) sind wahrscheinlich, etwa die Kuppel der Kathedrale (ehemals Moschee) von Córdoba.

Barock in Österreich.

Die Architekten der ersten barocken Bauten in Österreich waren Italiener, wie etwa Santino Solari, der von 1614 bis 1628 den Dom in Salzburg errichtete. Nach der zweiten Belagerung Wiens durch die Türken im Jahr 1683 entfaltete sich nach Jahren des Stillstands eine rege Bautätigkeit. 1686 begann Carlo Antonio Carlone mit dem Neubau des Stiftsgebäudes von St. Florian mit seinem großartigen Treppenhaus. Erst um die Jahrhundertwende treten einheimische Baumeister auf den Plan, zunächst Jakob Prandtauer, der schon am Bau von St. Florian entscheidend mitwirkte, dann aber ab 1702 mit der Anlage von Kirche und Stift Melk sein Meisterwerk schuf.

Den entscheidenden Beitrag zur Entwicklung österreichischer Barockbaukunst leistete Johann Bernhard Fischer von Erlach.

165 Wien, Karlskirche, 1716-1737 von J. B. Fischer von Erlach. Stich aus Fischer von Erlach, Historische Architektur

Die Kirche – ein mit einer Kuppel gedeckter Zentralbau über längsovalem Grundriss – entstand kurz nach dem Bau der Kollegienkirche in Salzburg, deren Entwurf augenfällig von S. Agnese in Rom inspiriert ist. Dasselbe gilt zwar für die Karlskirche, jedoch geht Fischer mit ihr weit über das Vorbild hinaus. Die Mitte der Doppelturmfassade nimmt eine klassische Tempelfront ein, die Flanken sind konkav eingezogen und leiten zu den Glockentürmen an beiden Seiten über, die sich im Erdgeschoss loggienartig öffnen und oben mit borrominesken Bekrönungen abschließen. Vor die konkaven Einziehungen der Fassade ist je eine hohe reliefierte Säule nach dem Vorbild der Trajanssäule in Rom gestellt. Die mächtige Kuppel über hohem Tambour mit großen Fenstern prägt den Gesamteindruck.

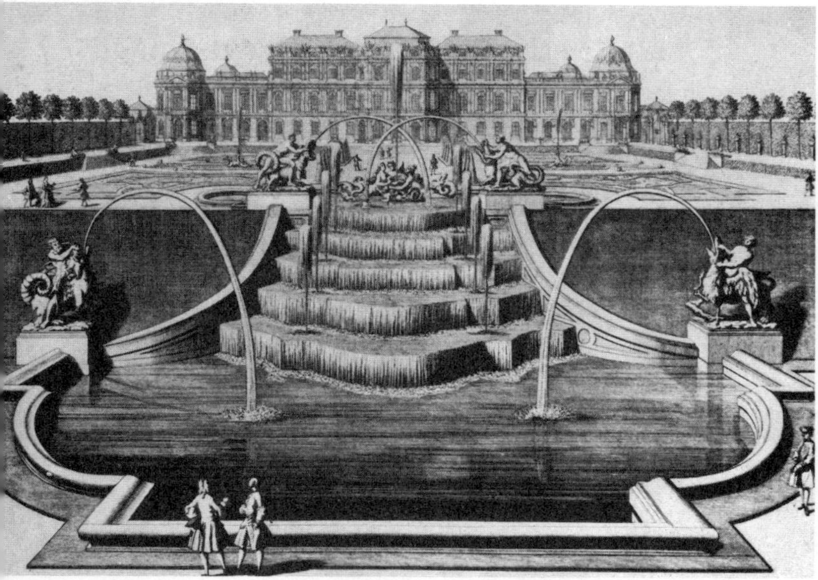

166 Wien, Das Obere Belvedere, 1721-1723 von Johann Lucas von Hildebrandt. Stich von Salomon Kleiner

Die Bauten des in Italien aufgewachsenen und geschulten Hildebrandt sind von entschieden anderem Charakter als die Fischers. Während dessen Werke stets von Monumentalität gekennzeichnet sind, wirken Hildebrandts Entwürfe leichter, beschwingter. Zu diesem Eindruck trägt vor allem die größere Freude an einem detailreichen Ornament bei.

Das Obere Belvedere, das den oberen Abschluss einer weitläufigen Gartenanlage bildet, ist ein quer gelagerter zweigeschossiger Block mit Mezzanin, der durch seine Gliederung in pavillonartige Bauteile aufgelockert wird. Jeder dieser Teile hat nach französischer Art sein eigenes Dach, wodurch sich eine bewegte rhythmisierte Dachsilhouette ergibt. Damit lässt Hildebrandt die Wucht, die andrängende Plastizität des Hochbarock bereits hinter sich. Die Spätphase des Barock kündigt sich an, die in den Bauten Böhmens und Süddeutschlands ihren Höhepunkt erreichen sollte (s. S. 203 ff.).

Manierismus und Barock in Deutschland

Mit der Gegenreformation, die wesentlich vom Jesuitenorden (1540 genehmigt) getragen wurde, setzte in der katholischen Welt eine Welle von Kirchenneubauten ein. In Italien wurde der Bau von Il Gesù zum Archetypus zahlreicher Sakralbauten.

167 München, St. Michael, 1590 von Friedrich von Sustris. Stich von Michael Wening, 1701

Der erste und bedeutendste nördlich der Alpen ist die Michaelskirche in München.

Die dreigeschossige Fassade (vielleicht von Wendel Dietrich) ist wie die eines Bürgerhauses gegliedert. Im Erdgeschoss, das durch vier Kolossalpilaster gegliedert wird, nimmt die Mitte nicht wie am Gesù das Portal ein, sondern eine Nische mit der Bronzestatue des hl. Michael von Hubert Gerhard. Stattdessen liegen zwei Eingänge links und rechts der Mittelachse – ein typisches Merkmal für den Manierismus, der eine Akzentuierung der Mitte vermeidet. Den oberen Abschluss bildet ein dreigeschossiger Giebel nordischer Tradition (vgl. S. 158). Der Grundriss zeigt einen relativ schmalen dreijochigen Bau mit kaum ausgeschiedenem Querhaus, das sich im Außenbau nicht abzeichnet. Der lang gestreckte Chorraum endet in einem 5/10 Schluss. Für den Entwurf spielt der Bau des Gesù in Rom (s. S. 160) – wie St. Michael eine Jesuitenkirche – mit seinen seitlichen Kapellen nach dem Vorbild von Sant'Andrea in Mantua (s. S. 134) sicher eine gewisse Rolle, doch schafft Sustris hier einen absolut eigenständigen Typus von Gotteshaus. Anders als der Gesù hat die Michaelskirche keine Vierungskuppel.

168 München, St. Michael, 1590. Innenansicht. Zeichnung des 19. Jhs.

Ein Blick in den Innenraum mit seiner Betonung der Vertikalen (besonders augenfällig in der Gestalt des Hochaltars) offenbart, dass der Bau ebenso dem Typus der Wandpfeilerkirche gotischer Tradition folgt. In der Synthese zwischen traditionell nordischer und neuer italienischer Bauweise wurde die Michaelskirche typenbildend für den Kirchenbau bis um die Mitte des 18. Jahrhunderts.

169 Augsburg, Rathaus, 1609-1620 von Elias Holl. Stich von Lucas Kilian, 1619

Diesen Bau verbindet nichts mehr mit den Rathäusern der nordischen Renaissance (vgl. S. 158). Er erinnert an die blockhafte Bauweise italienischer Palazzi (S. 135) und stellt doch ein völlig neues Konzept dar. Er gilt als herausragendes Beispiel früher deutscher Barockarchitektur, verrät sich aber in wichtigen Einzelheiten als eher manieristisches Bauwerk. Im Erdgeschoss ist die Mitte durch die Portalrahmung zwar betont, doch die Fassadengliederung in sechs Achsen bedingt, dass in der Mitte keine Öffnung (Fenster) zu liegen kommt, sondern ein Wandteil, womit die Akzentuierung der Mitte (ganz manieristisch) wieder verloren geht und einer gleichgewichtigen Streuung der Öffnungen weicht. Im Übrigen erkennt man in den rustizierten Ecken und Mezzaninfenstern das Vokabular der italienischen Renaissance wieder. Klassisch gibt sich der geschlossene Giebel, dessen seitliche Voluten an römische Kirchenfassaden erinnern, steht aber im Kontrast zu den beiden Türmen, die mit Hauben gedeckt sind.

170 Augsburg, Zeughaus, Entwurf 1603 von Elias Holl und/oder Matthias Kager oder Joseph Heintz d. Ä.

Es ist eines der bedeutendsten Bauwerke zwischen Renaissance und Barock. Die dreigeschossige Fassade lässt an italienische Architektur des Cinquecento denken, aber ebenso an die Fantasien eines Wendel Dietterlin. Sie schließt mit einem von Voluten gerahmten Giebel ab, der an römische Kirchenfassaden erinnert, in dem aber ebenso das nordische Giebelhaus der Renaissance fortzuleben scheint.

In der Akzentuierung wesentlicher Bauteile wie des Erdgeschosses und der Ecken durch eine Rustizierung und der Betonung der Mitte durch ein von Säulen gerahmtes Portal und die Figurengruppe darüber zeigt sie sich durchaus barock (anders als etwa die Michaelskirche in München, S. 186). Die ineinander verschachtelten Fenster im ersten Obergeschoss möchte man eher als manieristisch bezeichnen.

Der Dreißigjährige Krieg (1618-1648) bringt die Bautätigkeit in Deutschland über ein Vierteljahrhundert zum Stillstand. Als sie wieder aufgenommen wird, sind es vor allem italienische Architekten, die hier bis um die Jahrhundertwende tätig werden.

171 München, Theatinerkirche St. Kajetan,
beg. 1662 von Agostino Barelli, Kuppel 1688 von Enrico Zuccalli.
Stich von Michael Wening, 1701

Die dreischiffige Basilika mit Seitenkapellen und dem kaum ausgegliederten Querhaus mit Kuppel folgt dem Vorbild römischer Kirchen (Sant'Andrea della Valle in Rom).

Die Fassade, vermutlich auf den Entwurf Barellis zurückgehend, wurde erst 1765 von François Cuvilliés d.Ä. hinzugefügt. Der durchweg in Weiß gehaltene Innenraum kontrastiert einzig mit der Kanzel in dunklem Holz. Das üppige Akanthusornament entspricht der Stilstufe um 1680.

172 Akanthus-Ornament. Stich von Johannes Unselt, 1696

Um 1675 bringen italienische Stuckateure dieses für den Hochbarock charakteristische Ornament nach Deutschland, das auf den Akanthusschmuck des korinthischen Kapitells (s. S. 19) zurückgeht. In den 80er Jahren ist es üppig wuchernd und raumgreifend, gegen die Jahrhundertwende erscheint es gebändigt, ausgedünnt und flächiger.

173 Nymphenburg, Schloss, 1663-1728 von Agostino Barelli, Joseph Effner u.a. Gemälde von Canaletto, 1761

Das Schloss Nymphenburg ist eine der bedeutendsten barocken Schlossanlagen Europas. Ursprünglich bestand es nur aus einem fünfgeschossigen Block nach der Art italienischer Palazzi, jedoch mit einem Walmdach gedeckt. Im Laufe von Jahrzehnten wurde die Anlage nach und nach erweitert und zeigt deutlich den Wechsel von italienischen zu französischen Einflüssen. 1702 errichtete Giovanni Antonio Viscardi zu beiden Seiten in einem gewissen Abstand je einen weiteren, jetzt dreigeschossigen, mit einem Zeltdach gedeckten Pavillon hinzu und verband sie mit niedrigen, in Arkaden sich öffnenden Trakten mit dem Hauptbau. Ab 1715 fügte – als erster deutscher Architekt – Joseph Effner zwei weitere Pavillons zu beiden Seiten der Anlage hinzu, und zwar an der dem Garten abgewandten Seite so gestaffelt, dass sie die von Viscardi errichteten Bauten mit ihren Ecken berühren. Nach Effners Plänen wird von 1728 an das östliche Rondell gestaltet: Um das große Bassin, in den (nach holländischen Vorbildern) ein Kanal mündet, sind im Halbkreis kleine „Kavaliershäuschen“ gruppiert.

Das Vorbild dieses Systems waren Schloss Marly-le-Roy von Jules Hardouin-Mansard, 1778-1786 (1816 abgerissen) und die Favorite in Mainz (s. S. 211). Die halbkreisförmige Anordnung der kleinen Pavillons um das große Bassin herum, der „Kavaliershäuschen", ist eine elegante, aufgelockerte Variante des Systems von Marly. Eine Besonderheit ist, dass die von der Stadt (im Osten) her kommende Hauptachse nicht begehbar, sondern ein Kanal ist, in dem sich das Bild des Schlosses spiegelt.

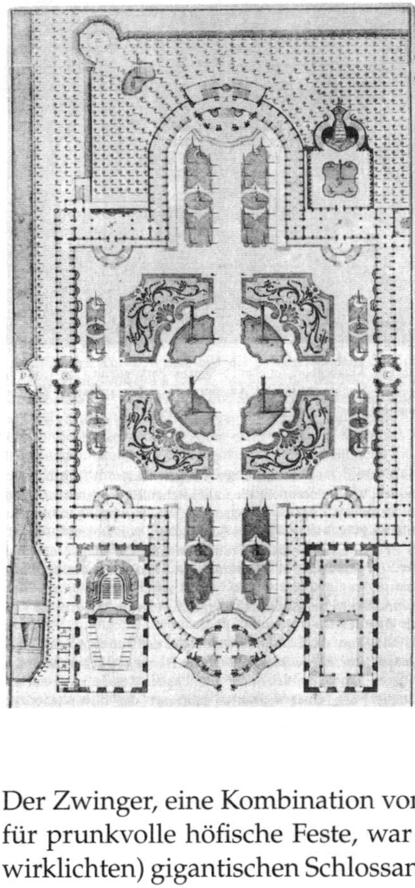

174 Dresden, Zwinger, 1711-1722 von Matthias Daniel Pöppelmann

Der Zwinger, eine Kombination von Orangerie und Tribüne für prunkvolle höfische Feste, war als Teil einer (nicht verwirklichten) gigantischen Schlossanlage geplant. Die Anlage über rechteckigem Grundriss ist streng symmetrisch in der Art der Parterres französischer Barockgärten gestaltet. Die äußere Begrenzung bilden niedrige, relativ schmucklose Galerien (im Grunde durch rundbogige Fenster geschlossene Arkaden), in die jeweils in der Verlängerung der Mittelachse ein zweigeschossiger, reich verzierter Pavillon gesetzt ist.

175 Dresden, Zwinger, Kronentor, um 1722 von Matthias Daniel Pöppelmann

Der zweigeschossige Pavillon öffnet sich in beiden Geschossen in je einem hohen, von Säulen gerahmten Rundbogen. Die beiden Teile des gesprengten Giebels im Erdgeschoss kehren einander den Rücken zu. Über dem reich mit Figuren geschmückten Obergeschoss erhebt sich über einem Einzug eine ausladende Zwiebel mit der abschließenden Krone der sächsischen Kurfürsten.

176 Rohr, ehemalige Stiftskirche Maria Himmelfahrt, 1717-1719 von Egid Quirin Asam. Altar

Dieses thetrum sacrum erfährt noch eine Steigerung in der ehemaligen Klosterkirche in Rohr (Niederbayern):

Der Sinn des Barock für theatralische Effekte gipfelt hier in der Inszenierung der leibhaften Himmelfahrt Mariens. Die mächtigen, gestaffelten Säulen des Hauptaltars rahmen eine Bühne, auf der in vollplastischen, lebensgroßen Figuren die Apostel um den leeren Sarkophag geschart sind, während Maria hoch oben von Engeln zum Himmel emporgetragen wird.

177 Pommersfelden, Schloss Weißenstein, Treppenhaus, 1711-1718 von Lucas von Hildebrandt. Stich von Salomon Kleiner

Die Gestaltung von Treppen und Treppenhäusern ist barocken Bauherrn und Baumeistern ein besonderes Anliegen (vgl. S. 172). Im Mittelalter notwendige Übel, nicht Gegenstand künstlerischer Gestaltung, sind sie nun in zunehmendem Maße eine ästhetische Herausforderung. Im öffentlichen

Raum können Treppen einen bestimmten Point de Vue, etwa ein Bauwerk, wie auf einer Bühne in Szene setzen, wie schon die Spanische Treppe in Rom, die zur Kirche Santa Trinità dei Monti hinaufführt.

Treppenhäuser wie die in Würzburg oder Pommersfelden werden zu glanzvollen Höhepunkten barocker Schlossbaukunst. Sie bieten dem Besucher, indem er sich bewegt und dann und wann innehält, in wechselnden Perspektiven stets neue, überraschende Aspekte von Architektur und Freskenmalerei.

178 Bandelwerk/Régence-Ornament. Stich von A. Visentini, 1736

Der Name Régence bezieht sich auf die Regentschaft Philipps von Orléans während der Minderjährigkeit Ludwigs XV., 1715-1723. Stilmerkmale des Régence Ornaments sind Muster aus symmetrisch verlaufenden Bändern (daher „Bandwerk", auch „Bandelwerk"), die häufig im rechten oder spitzen Winkel umbiegen und stilisierte Blüten, Masken oder Schabracken rahmen. Auch sogenannte hängende Triglyphen gehören zum Formenschatz des Bandwerks.

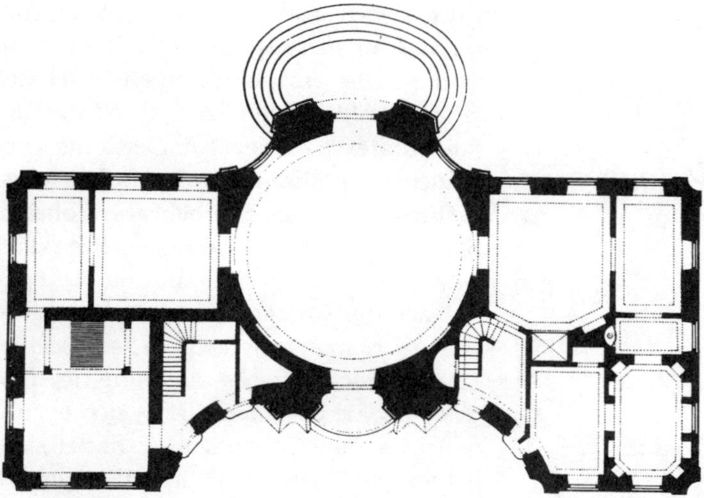

179 Nymphenburg, Schlosspark, Amalienburg, 1734-1739 von François Cuvilliés d. Ä. Grundriss

Cuvilliés war in der Folge des Exils von Max Emanuel in den Niederlanden nach München gekommen. Die Amalienburg ist einer der Höhepunkte spätbarocker Architektur (wie auch das Cuvilliés Theater der Münchner Residenz). Der ebenerdige Bau besteht aus einem Mittelteil, der in Gestalt einer Rotunde den Spiegelsaal aufnimmt, und in nordsüdlicher Richtung zwei Flügeln, in denen verschiedene Wirtschaftsräume untergebracht sind. Während die östliche Fassade (mit hohen schmalen Fenstern und einer Fenstertür in der Mitte) im Mittelteil konvex ausbuchtet, entspricht dem auf der Westseite eine konkave Einziehung.

Über dem Mittelteil liegt ein ovaler Hochstand (für die Fasanenjagd), der von einem schmiedeeisernen Gitter umgeben ist.

Der Spiegelsaal erweitert den relativ kleinen Raum optisch durch fortwährende Spiegelung der Spiegelung schier ins Unendliche.

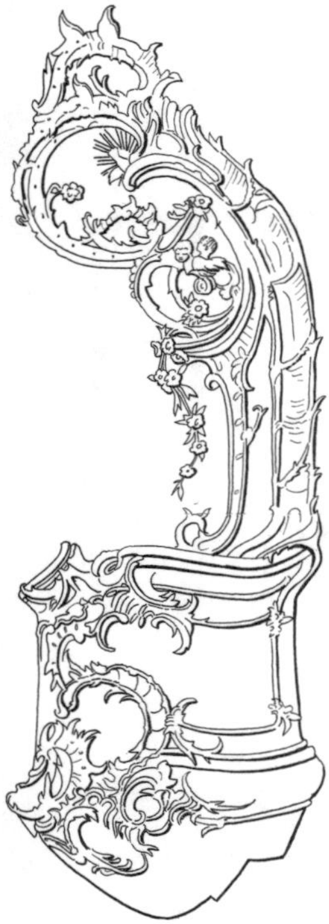

180 Oppolding,
Pfarrkirche St. Johann.
Kanzel, 1760er Jahre

Zum ersten Mal tritt die Rocaille, die ihren Namen (wie das Rokoko) ihrem stellenweise muschelartigen Charakter verdankt, in den 30er Jahren des 18. Jahrhunderts in der Amalienburg von François Cuvilliés im Park des Schlosses Nymphenburg in Erscheinung. Johann Baptist Zimmermann fertigte die Stukkaturen.

Nach der strengen Symmetrie des Regence-Ornaments herrscht in der Rocaille eine – oft scheinbare – Asymmetrie, d.h. das einzelne Ornament ist in sich asymmetrisch, eine Entsprechung findet sich jedoch gern außerhalb in einem leicht variierten Gegenüber jenseits einer Achse, in Kirchen etwa an zwei Seitenaltären links und rechts der Mittelachse des Baus.

Die Kanzel in der Kirche St. Johann in Oppolding in Niederbayern hat in den 1760er Jahren ein Meister der Wessobrunner Stukkateurschule geschaffen. Das Ornament (eine überdimensionale Rocaille aus Stuck) ist an die Stelle eines Schalldeckels getreten.

181 Wieskirche, Wallfahrtskirche bei Steingaden, 1746-1754 von Dominikus Zimmermann

Der Grundriss der „Wies", eines der Hauptwerke des süddeutschen Spätbarock, ist vergleichsweise schlicht: Durch eine kleine halbrunde Vorhalle betritt man den längsovalen Hauptraum, an den sich der schmale lange Chorraum anschließt. Die Raffinesse erweist sich im Aufriss. Der mit einer Flachkuppel (Scheinkuppel) gedeckte Hauptraum ist in relativ geringem Abstand zur Außenmauer von einem Kranz von Säulenpaaren umgeben, die ein verkröpftes Gebälk tragen. Im Chorraum schwingt das Gebälk, in Rocaillenornament verwandelt, zwischen den Säulen nach oben und unten aus und rahmt so Öffnungen vor dem Hintergrund der Fenster. Architektur, Stuckornament und Malerei zaubern hier vereint einen beschwingten, lichtdurchfluteten Raum, in dem alles in Bewegung scheint und fast alles zum Ornament geworden ist.

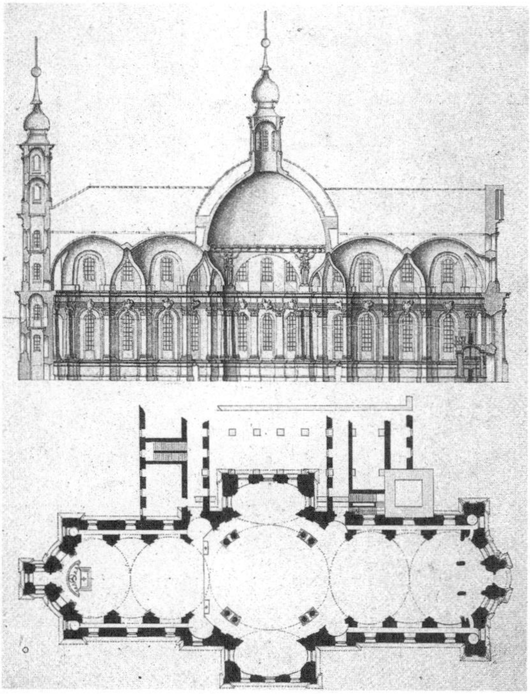

182 Neresheim, Klosterkirche, beg. 1747 von Balthasar Neumann. Grundriss und Längsschnitt

Die Klosterkirche in Neresheim ist das letzte Werk dieses herausragenden Architekten des Spätbarock. Sie ist eine Kombination von Longitudinal- und Zentralbau. Die Mitte nimmt ein längsovaler Raum mit einer Flachkuppel ein, an den sich nach Osten (Chor) wie nach Westen (Schiff) je zwei kleinere Räume über annähernd kreisförmigem Grundriss reihen. An das mittlere Oval Schließen im Norden wie im Süden kleinere Ovale in der Art von kurzen Querschiffarmen an. Durch die späte Ausstattung (1778 bis 1801), die schon in die Zeit des Klassizismus fällt, atmet der Raum eine völlig unbarocke Klarheit und Kühle. Jedoch schon Neumanns Architektur selbst, der weite, helle Raum, hat wenig gemein mit den Werken des Spätbarock. Die flache zentrale Kuppel wird von einem Kranz von Doppelsäulen in kurzem Abstand von der Wand getragen, sodass der Eindruck einer doppelten Raumschale entsteht.

183 Neresheim, Klosterkirche. Konstruktionsriss 1755 von F. I. M. Neumann

Spätbarock/Rokoko in Böhmen und Franken

Zu Beginn des 18. Jahrhunderts entstanden in Böhmen und Franken Kirchen, die an die Ovalbauten eines Borromini und Bernini anknüpften und deren Konzepte weiter entwickelten. Vor allem die Baumeister der Familie Dientzenhofer entwarfen Grundrisse mit einem komplizierten System einander überschneidender Ovale, in denen die Wandpfeiler nicht mehr parallel, sondern diagonal zur Wand stehen.

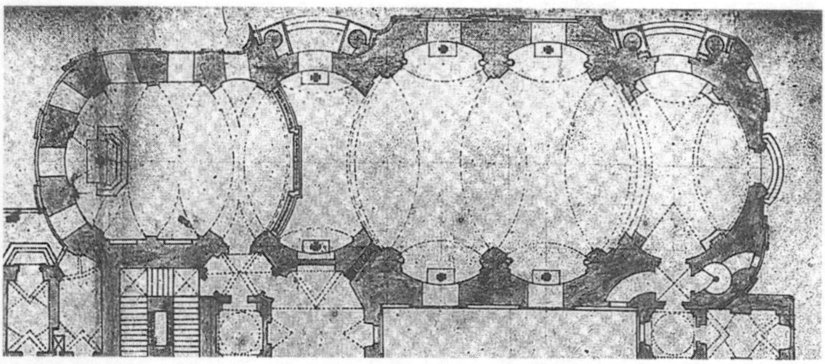

184 Břevnov/Breunau bei Prag, Klosterkirche St. Margareten, 1708-1740 von Christoph Dientzenhofer. Grundriss

Die Innenausstattung schuf Kilian Ignaz Dientzenhofer, 1708-1715.

Möglicherweise durch Lucas von Hildebrandt angeregt, schafft Dientzenhofer hier einen geradezu revolutionären Bau. Er stellt die traditionell wandparallelen Wandpfeiler des Innenraums diagonal, und so verlaufen die Gurtbögen, die auf ihnen ruhen, nicht im rechten Winkel zur Wand, sondern diagonal bzw. in einem Winkel von 45 Grad, sodass sie sich in der Mitte des Gewölbes berühren. Die Gurtbögen, die jetzt über den Fensterachsen zu liegen kommen, nehmen also den Raum ein, der traditionell frei war für Deckenfresken. So erzielt Dientzenhofer eine spannungsgeladene Divergenz zwischen Wand- und Deckenstruktur.

Dasselbe Prinzip verfolgt Johann Dientzenhofer mit seinem nur drei Jahre später begonnenen Bau der Klosterkirche von Banz.

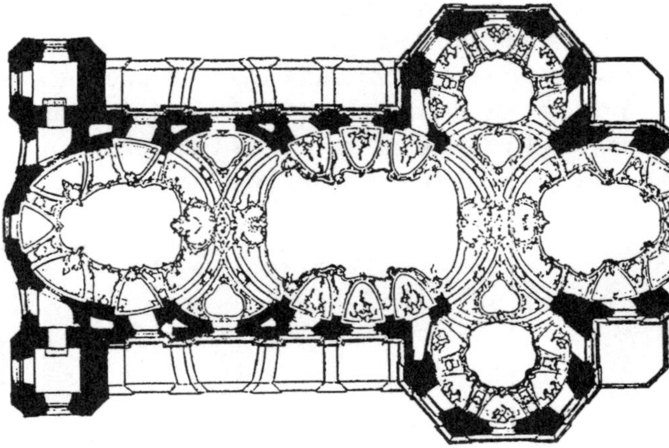

185 Gössweinstein, Wallfahrtskirche Vierzehnheiligen, beg. 1743 von Balthasar Neumann. Grundriss

Dieser Bau stellt einen weiteren Höhepunkt spätbarocker Sakralarchitektur dar. In Sichtweite steht er der hoch über dem Main gelegenen Klosterkirche in Banz gegenüber. Den Grundriss gestaltet Neumann in der uns schon bekannten Weise aus sich überschneidenden Ovalen im Langhaus, fügt vor dem Chorraum anstelle eines Querhauses links und rechts je einen überkuppelten Raum über kreisrundem Grundriss hinzu und schließt dann das Oval des Chorraums an. Nach Jahrhunderten, in denen die Zielrichtung des Langhauses der Hauptaltar war, verlagert Neumann den Akzent in die Mitte, indem er hier den Nothelferaltar platziert, der für sich eine Architektur im Kleinen darstellt. Eine ähnliche (wenn man so will) Entwertung des Hauptaltars erreicht Neumann dann mit seinem Spätwerk, der Klosterkirche in Neresheim (s. S. 201).

186 Dresden, Frauenkirche, 1722-1743 von Georg Bähr. Gemälde von Canaletto, 1761

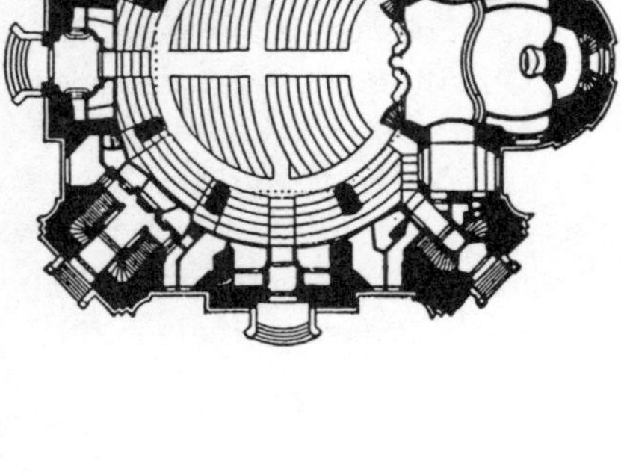

187 Dresden, Frauenkirche, 1722-1743 von Georg Bähr. Grundriss

Der protestantische Teil Deutschlands schlägt andere Wege ein, seine Bauten sind deswegen aber nicht weniger bedeutend, wenn auch nicht so zahlreich.

Die Frauenkirche (1945 zerstört, von 1994 bis 2005 aus dem originalen Material wieder aufgebaut) ist ein Beispiel dafür, wie sehr das, was wir zum Stil rechnen, von der Funktion eines Baus abhängt. Der Innenraum ist mit seinen ringsum durchlaufenden Emporen typisch für den protestantischen Kirchenbau, in dessen Mittelpunkt nicht die Eucharistie (d.h. ein Altar mit Tabernakel) steht, sondern die Predigt. Auf Kanzel oder Kanzelaltar konzentriert sich daher die Gestaltung des Innenraums, den Hörern bieten die weitläufigen Galerien ausreichend Platz. Der Typus der protestantischen Predigtkirche hat seine Vorbilder in Holland.

Auf quadratischem Grundriss erhebt sich der Bau über hohem durchgehenden Sockel. Seine einmalige Silhouette bestimmt schon von Weitem das Stadtbild vor allem durch die hohe, nach oben schmal zulaufende Kuppel mit der hohen Laterne. Der Bau erscheint wie aus einer plastischen Masse modelliert, eher wie das Werk eines Bildhauers denn als das eines Architekten. Allen vier Schauseiten sind Risalite mit Giebeln vorgelegt, an den Ecken befinden sich diagonal gestellte Treppentürme.

Der spätbarocke Kirchenbau des protestantischen Nordens findet hier seinen Höhepunkt.

188 Chinoiserie von Jean Pillement, Radierung, 1770

Eine umfangreiche idealisierende Reiseliteratur über China löste im 18. Jahrhundert in ganz Europa eine Chinamode aus, die sich vor allem im Ornament auslebte, aber auch die Architektur erfasste. Besonders beliebt waren Gartenpavillons im Stil der Chinoiserie, etwa die Pagodenburg im Park von Schloss Nymphenburg (wohl von Joseph Effner 1716 begonnen) oder das chinesische Teehaus im Park von Sanssouci (1755-1764 von Johann Gottfried Büring nach dem Vorbild der Maison du Trefle in Lunéville von Emmanuel Héré, 1738).

Elemente des Rokoko („C-Schwünge") werden mit exotischen („chinesischen") Motiven in Gestalt von Landschaften, Menschen in chinesischer Tracht (mit dem charakteristischen Sonnenschirmchen) und Drachen verbunden.

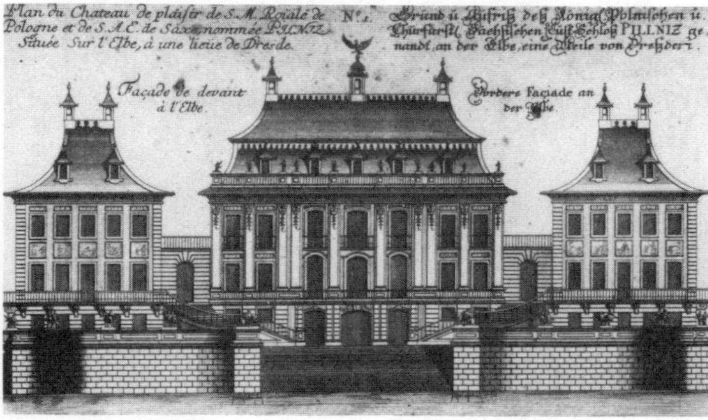

189 Pillnitz, Wasserpalais, 1721 von Matthäus Daniel Pöppelmann. Stich nach einer Zeichnung von B. C. Anckermann, um 1730

Das Wasserpalais in Pillnitz ist eines von drei Palais (neben dem Neuen Palais und dem Bergpalais). Es entstanden zunächst drei frei stehende Pavillons, der mittlere höher als die beiden seitlichen. 1722 wurden sie durch niedrige Galerien miteinander verbunden. Die Gliederung der Fassaden ist konventionell, doch die Dachsilhouette mit ihren konkav einschwingenden Linien ist „chinesisch" gestaltet (der Bauherr August der Starke nannte diese Mode „indianisch").

190 München, Englischer Garten, 1789-1792 von Friedrich Ludwig von Sckell u.a. Pinselzeichnung von Simon Gaßner (?), vor 1806

Ausgehend von England wird auch auf dem Kontinent der geometrische barocke Garten (s. S. 194) abgelöst von einem Natur ähnlichen, wiewohl dennoch geplanten Garten, oder besser Park. An die Stelle von ornamentalen Blumenrabatten treten große Rasenflächen, die mit Busch- und Baumgruppen abwechseln. Die gewundene Wegführung verläuft dabei so, dass sich für den Spaziergänger immer wieder neue überraschende Ausblicke ergeben.

Barock in Frankreich

Das 17. und 18. Jahrhundert ist in Frankreich die große Zeit der Profanarchitektur, zumal des Schlossbaus.

Seit dem Mittelalter hatten Kaiser und Könige zwar ihre Jagd- und Lustschlösser auf dem Land bauen lassen, sie residierten jedoch in ihren alten Stadtresidenzen, die sie über Jahrhunderte erweitern und umbauen ließen. In Paris fand der mittelalterliche Louvre erst vom 16. bis ins 19. Jahrhundert hinein seine endgültige Gestalt. Nach einheitlichem Entwurf entstanden Schlossbauten erst um die Mitte des 17. Jahrhunderts.

191 Vaux-le-Vicomte, Schloss, beg. 1657 von Louis Levau. Stich von Gabriel Pérelle

Dieser bedeutendste französische Schlossbau aus der Mitte des Jahrhunderts entstand nach einem ganzheitlichen Entwurf in Anlehnung an den Palazzo Barberini in Rom (s. S. 173). An einen querovalen Mittelteil (auf der Gartenseite) und einen quadratischen Raum (an der Hofseite) schließen seitlich Flügelbauten an, deren Eckpavillons einen seichten Ehrenhof (Cour d'Honneur) flankieren. Die beiden etwa gleichhohen Geschosse werden durch eine Monumentalordnung von Pilastern zusammengefasst.

192 Paris, Louvre, Kolonnade der Ostseite, 1668 von Claude Perrault

Während das alte Stadtschloss, der Louvre, noch umgestaltet wurde, wobei die bestehende Bausubstanz weitgehend unangetastet blieb, gelang Perrault mit seiner der Ostseite vorgelagerten Kolonnade von vornehmer Kühle etwas absolut Neues, nach seiner eigenen Auffassung „Modernes". Über einem mauerbetonten Erdgeschoss verläuft die Kolonnade mit ihren schlanken korinthischen Doppelsäulen, die sich jeweils einen Sockel teilen, über die gesamte Fassadenbreite. Mitte und Ecken sind betont durch ein flaches Risalit, dessen mittleres von einem Dreiecksgiebel gekrönt ist. Das flache Dach entspricht nicht mehr der französischen Tradition (vgl. S. 209), was vielleicht einer Anregung Berninis zu danken ist, der sich gerade in Paris aufhielt.

193 Schloss Versailles, Gartenfront vor dem Ausbau von J. Hardouin-Mansard, 1679

Selbst das Schloss Versailles hat in mehreren Etappen seine endgültige Gestalt erhalten. Den Kern bildet das von Levau erbaute Jagdschloss Königs Ludwig XIII, das jedoch unter Ludwig XIV. durch An- und Umbauten zur Residenz des „Sonnenkönigs" wurde. (Den Abschluss bildeten die beiden Pavillons an den Stirnseiten der seitlichen Flügel der Cour de Marbre, die schon dem frühen Klassizismus angehören).

Wegweisend wurde die Gartenfront, die vermutlich unter dem Einfluss Berninis entstand. Die epochemachende Bedeutung von Versailles (etwa für Schönbrunn, für Karlsruhe und bis hin zum Schloss Herrenchiemsee) beruht jedoch vor allem auf der Gesamtanlage, in der das Schloss mit ausgreifenden Achsen von seiner (engeren und weiteren) Umgebung Besitz ergreift. Die Gartenanlage André Le Nôtres mit ihren Parterres, Bosketts, Fontainen und Bassins war Vorbild für ungezählte Barockgärten in ganz Europa.

194 Mainz, Favorite, 1700-1722 (zerstört 1792). „Boulingrin" des Barockgartens von Johann Kaspar Dietmann. Stich von S. Kleiner, 1726

Das Parterre des barocken Gartens mit seinen Blumenrabatten bildet ein geometrisches Muster. Bäumchen und Büsche sind zu stereometrischen Formen wie Obelisken, Kegeln, Kugeln gestutzt. Die Natur wird reglementiert und der Geometrie unterworfen.

195 Paris, Val-de-Grâce, 1645-1667 von François Mansart und Jacques Lemercier (Kuppel). Stich von G. Pérelle (Ausschnitt)

Die Anlage von Val-de-Grâce, die Klostergebäude, Kirche und Witwensitz der Anne d'Autriche in einem einzigen Entwurf vereint, bedeutete das großartigste Bauprojekt Frankreichs um die Mitte des 17. Jahrhunderts. Während das Gesamtkonzept deutlich vom spanischen Escorial beeinflusst ist, halten sich die Architekten mit dem Bau der Kirche an italienische Vorgaben. Die durch Kolossalordnungen von Säulen gegliederte zweigeschossige Fassade mit dem abschließenden Giebel, den Voluten, die zwischen dem höheren Mittelteil und den niedrigen Flaken vermitteln, und die dominante Kuppel greifen variierend den Entwurf Vignolas und della Portas für den Bau von Il Gesù in Rom auf.

196 Paris, Hôtel de Soubise, 1705-1709 von Pierre-Alexis Delamair. Stich von Mariette

In Paris entstanden im 17. und 18. Jahrhundert stattliche Palais, die Hôtels der französischen Adelsfamilien. Das Hôtel ist eine Dreiflügelanlage mit einem Wohntrakt, dem Corps de Logis, in der Mitte und zwei im rechten Winkel zu ihm verlaufenden Flügeln. Sie umschließen einen Hof, der zur Straße hin durch eine Mauer oder ein Gitter abgeschlossen ist.

Das Urbild dieses Typus war das Palais du Luxembourg, als Witwenpalais der Maria Medici von 1615 an erbaut, in seiner ursprünglichen Gestalt nach den Plänen von Salomon de Brosse.

Das Hôtel de Soubise ist eines der eindrucksvollsten Beispiele des frühen 18. Jahrhunderts. Der Corps de Logis ist zweigeschossig, der Hof allseitig von korinthischen Doppelsäulen umgeben. Die Mitte wird betont durch eine mächtige Portikus mit Dreiecksgiebel, der in das Obergeschoss eingreift. Der Ehrenhof ist vorn durch eine konkav eingezogene Mauer mit Mittelportal gegen den Vorplatz abgeschlossen.

Klassizismus

Um 1760–1810

Klassizismus und Revolutionsarchitektur in Frankreich

197 Paris, Panthéon, beg. 1756 von Germain Soufflot

Bereits um die Mitte des 18. Jahrhunderts, also als die spätbarocke Architektur in Deutschland mit den Meisterwerken der Dientzenhofer, der Zimmermann oder eines Balthasar Neumann ihren Höhepunkt erreichte, vollzog sich in Frankreich die Wende zum Klassizismus.

Der Neubau der Kirche Sainte-Geneviève, das Pantheon, markiert diese Wende nach einer Reise Soufflots nach Rom (1750) und seiner Begegnung mit der antiken Baukunst.

Der gigantische Zentralbau erhebt sich über griechischem Kreuz. Die Fassade bricht mit der barocken Tradition und wendet sich wieder dem griechischen Tempel zu. Eine die ganze Fassadenbreite einnehmende Portikus mit einer geräumigen Säulenvorhalle und geschlossenem Dreiecksgiebel bildet die Eingangsfront. Die Vierung ist mit einer mächtigen Kuppel gedeckt, die sich mit ihrem von Säulen umgebenen Tambour hoch über den Bau erhebt.

198 Zweiter Entwurf für die Bibliothèque National von Étienne-Louis Boullée, 1785

Auch Architekten wie Claude-Nicolas Ledoux (1736-1806) und Étienne-Louis Boullée (1728-1799) greifen auf das Vokabular antiker Bauten zurück. Doch sie gehen damit in einer bislang nicht gekannten Freiheit und Radikalität um. In geradezu beunruhigender Weise steigern sie Monumentalität ins buchstäblich Maßlose. In der Tat waren Boullées Entwürfe für eine Reihe öffentlicher Bauten nicht realisierbar. Sie stellen geradezu das Gegenteil dessen dar, was die Renaissance im Sinn hatte, nämlich eine Harmonie nicht nur des Bauwerks in sich, sondern auch eine im Einklang mit dem Menschen. Die Architektur eines Boullée nimmt den Menschen nicht in sich auf, sie lässt ihn abseits.

Sein Entwurf für den Bibliothekssaal der Bibliothèque National ist von einer kassettierten Tonne gedeckt, in deren Mitte ein rechteckiges Oberlicht eingelassen ist. Entlang den Wänden befinden sich die Regale, die über durchlaufende Galerien zugänglich sind. Der obere Teil der Wand ist mit einer Kolonnade von dicht gestellten Säulen versehen.

199 Arc-et-Senans, Saline, 1775-1778 von Claude-Nicolas Ledoux. Eingangstor

In seinen Entwürfen ist Ledoux weniger extrem als sein Altersgenosse Boullée. Sein revolutionärer Geist offenbart sich viel eher in den Ideen, die seinen Bauten zugrunde liegen, die aber doch in der architektonischen Gestalt ihren Ausdruck finden.

Von revolutionärem Gedankengut zeugt das Projekt der Saline von Arc-et-Senans, das im Grundriss noch durchaus barock anmutet. Im Aufriss jedoch offenbart sich die Aufwertung eines vermeintlich trivialen Themas in der Gestaltung durch Elemente, die ursprünglich dem Haus der Götter vorbehalten waren, dem griechischen Tempel. Dem Eingangstor ist eine Vorhalle in Gestalt einer dorischen Tempelfront (Säulen, Architrav, Triglyphenfries und abschließende Attika, jedoch ohne Giebel) vorgelegt. Erst das eigentliche Tor zeigt sich – angemessen – naturverbunden: Die Tür ist in eine

Wand aus unbehauenen unregelmäßigen Steinen, ja Geröll eingelassen, umgeben von einem Rahmen aus behauenen Bossen.

Die Fassade des Hauses des Salinendirektors hat ebenfalls die Form einer dorischen Tempelfront. Die Anlage von Arc-et-Senans schließt auch geradezu vornehm gestaltete Wohnbauten (mit Mansarddächern) für die Salinenarbeiter ein.

200 Wanddekoration im Louis-Seize-Stil. Entwurf von Maria [sic].

„Louis Seize" ist das charakteristisches Ornament des (ursprünglich) französischen Klassizismus, benannt nach dem französischen König Louis Seize (1774-1792). In Deutschland entspricht es dem „Zopfstil"(so genannt nach der Haartracht der Männer jener Zeit).

Nach dem bewegten, zur Asymmetrie neigenden Ornament des Rokoko, der Rocaille, tritt eine Beruhigung ein. Klare, aus der Antike entliehene Formen wie Mäander- und Flechtbänder, kombiniert mit Girlanden, Medaillons und Vasen, sind wie Beschläge einem Grund (Wand, Möbelstück) aufgelegt, statt mit ihm wie im Rokoko untrennbar zu verschmelzen.

201 Paris, Bourse (die Börse), 1808-1826 von Alexandre Brogniart

Anders als die Renaissance übernimmt der Klassizismus nicht nur die Form einzelner Bauglieder von antiken Tempelbauten, sondern häufig des gesamten Bauwerks, das, gleichsam entweiht, einem beliebigen Zweck zugeführt wird. Es entstehen Kirchen, Börsen, Museen in Gestalt griechischer Tempel von gigantischen Ausmaßen.

Das gilt auch für den Bau der Pariser Börse in ihrer ursprünglichen Gestalt. (Er wurde zu Beginn des 20. Jahrhunderts durch den Anbau zweier Flügel verändert.) Das Gebäude steht nach Art des römischen Podiumstempels (s. S. 21) auf einem hohen Sockel, dessen Längsseiten nach vorn verlängert sind und so Platz für mächtige Sitzfiguren bieten. Der geschlossene zweigeschossige Kern ist allseitig von schlanken, glatten korinthischen Säulen umgeben (12 an den Frontseiten, an den Längsseiten 20). An den schmalen Frontseiten führt eine breite Freitreppe zur Säulenvorhalle. Abweichend vom griechischen Vorbild haben die Stirnseiten keinen Giebel. Stattdessen umgibt den Bau ein durchlaufendes, ausladendes, mit Zahnschnitt geschmücktes Gesims, über dem eine niedrige Attika den Dachansatz verbirgt.

Klassizismus in Deutschland

In Deutschland war es Johann Joachim Winckelmann (1717-1768), der als Archäologe und Schriftsteller die griechische Kunst als die Vollkommenheit in Architektur und Plastik schlechthin pries und ihre Nachahmung emphatisch empfahl.

202 Berlin, Brandenburger Tor, 1789-1791 von Carl Gotthard Langhans. Lithographie (Ausschnitt) von W. Loeillot, um 1850

Das Brandenburger Tor wurde an der Stelle eines älteren, abgerissenen Torbaus errichtet. Pate für den Entwurf standen hier das römische Triumphtor und die antike Tempelfront, ohne dass der Architekt regelrechte Kopien geschaffen hätte. Sechs schmale tiefe Pfeiler, denen dorische Halbsäulen vorgelegt sind, tragen ein Gebälk und eine abschließende Attika, in die in flachem Relief ein niedriger Dreiecksgiebel eingelassen ist. In der Mitte erhebt sich die krönende Quadriga der Siegesgöttin Victoria. Die Öffnungen zwischen den Pfeilern bilden die Tordurchfahrten.

203 Berlin, Altes Museum, 1825-1830 von Karl Friedrich Schinkel. Zeichnung von Schinkel, 1823

Nachdem Schinkel bereits ein Jahrzehnt zuvor im Auftrag des preußischen Königs Friedrich Wilhelm III. die „Neue Wache“ (Königswache) im klassischen Stil gebaut hatte, schuf er das Alte (damals „Neue“) Museum in Berlin. Mit der Erstarkung des Bürgertums fallen dem Architekten auch mehr und mehr Aufgaben für gemeinnützige Projekte zu. Waren zur Zeit des Absolutismus Kunstsammlungen ausschließlich Prestigeobjekte des Adels, deren Schlösser und Palais zu Galerien mit erlesenen Kunstwerken wurden, so werden Sammlungen nun öffentlich gemacht, und die brauchen einen angemessenen Raum für ein größeres Publikum. Schinkel betrachtete die europäische Baukunst als Fortsetzung der griechischen. Deren Aufgabe sei die „schöne“ Gestaltung des „Notwendigen.“

Der Bau des Alten Museums ist von einer Kolonnade ionischer Säulen umgeben. Wie frei Schinkel dennoch mit den griechischen Formen umgeht, erweist sich zum einen darin, dass der Bau über querrechteckigem Grundriss liegt (also eine Längsseite die Eingangsfront bildet), zum anderen darin, dass eine Rotunde mit kassettierter Kuppel nach Art des römischen Pantheon den Kern des Baus bildet. Er kombiniert damit also Charakteristika griechischer und römischer Baukunst.

Einen solchen freien Umgang mit griechischen Bauelementen zeigt auch der etwa gleichzeitig von Sir Robert Smirke errichtete Bau des British Museum in London. Er kombiniert eine griechische Tempelfront mit einer Dreiflügelanlage, wie wir sie von barocken Schlossbauten kennen.

204 Berlin, Bauakademie, 1836 von Karl Friedrich Schinkel (1962 abgebrochen)

Es fällt schwer, in diesem Bau den Architekten des (nur sechs Jahre zuvor vollendeten) Alten Museums wiederzuerkennen. In seiner Sachlichkeit weist er weit über seine Zeit hinaus. Ein Jahrzehnte übergreifender Weg scheint dann zu Sullivans Bauten zu führen, etwa dem Guaranty Building in Buffalo von 1895 (s. S. 233).

Der dreigeschossige Bau über quadratischem Grundriss hat vier gleich gestaltete achtachsige Fassaden mit abschließendem Mezzanin. Sie sind durch schmale Wandvorlagen in der Art von Lisenen gegliedert. Durch die Größe der Fenster erscheint die Mauer auf ein rahmendes Gerüst reduziert.

205 Walhalla bei Regensburg, Entwurf 1816 von Carl von Haller

Anders als die Architekten in Frankreich und England halten sich Carl von Haller und Leo von Klenze bei ihren Konkurrenzentwürfen für eine „Ruhmeshalle" strikt an das Vorbild des griechischen Tempels in Gestalt des Parthenon in Athen. Hoch über der Donau erhebt sich ein Peripteros mit dorischen Säulen und einem reliefierten Giebel.

Gothic Revival und Neugotik

Um 1750 bis um 1820

Der Barockstil hatte in England, wie wir gesehen haben, ein eher klassischer Gesicht (vgl. S. 171). Um die Mitte des 18. Jahrhunderts jedoch, als auf dem Kontinent die Meisterwerke spätbarocker Baukunst entstanden, besinnen sich englische Baumeister wieder auf die Gotik, und zwar die Spätgotik typisch englischer Prägung. Es entstehen Innenräume in Profanbauten mit Schein-Fächergewölben wie etwa der große Saal in der ehemaligen Abtei Welbeck in Nottinghamshire von 1751, der in Stuck die Fächergewölbe der Kapelle Heinrichs VII. in Westminster Abbey nachbildet, oder die Galerie von Strawberry Hill:

206 Strawberry Hill, Gallery, 1761-1763 nach einem Entwurf von Horace Walpole. Decke mit Ornament in der Art spätgotischer Fächergewölbe

Der Dichter hatte eine ältere Villa gekauft, um sie in ein „gotisches" Schloss zu verwandeln. Das Fächerornament hat die Kapelle Heinrichs VII. zum Vorbild.

In England empfindet man den „wiedergeborenen" gotischen Stil – anders als in Deutschland (s.u.) – eher als exotisch, was man aus der Gleichsetzung mit der Chinoiserie schließen möchte. William Halfpenny veröffentlicht 1752 ein Musterbuch mit dem Titel *Chinese and Gothic architecture properly ornamented.*

207 Rundbau im gotischen Stil von Batty Langley (aus Gothic architecture restored and improved, 1742)

Dieser Entwurf für einen runden Kuppelbau verwendet gotische Einzelformen: Spitzbogige Tor- und Fensteröffnungen, Strebepfeiler und Wimperge in Kielbogenform mit aufgesetzten Fialen. Dennoch ist der Gesamteindruck nicht der eines gotischen Skelettbaus. Dass das auch nicht das Anliegen des Architekten war, verrät der Titel seines Werks, *Gothic architecture restored and improved* (1742). Wie dem Theoretiker der französischen Neugotik Viollet-le-Duc ging es ihm darum, gleichsam ein Idealbild der Gotik zu entwerfen.

208 Berlin, Friedrichwerdersche Kirche,
1824-1831 von Karl Friedrich Schinkel. Zeichnung von Schinkel

Der Auffindung der originalen Risse für den Kölner Dom (vgl. S. 106) hat auch den Baumeister des preußischen Königs beeindruckt. Nachdem Schinkel auf einer Reise 1816 den unfertigen Bau gesehen hatte, setzte er sich für die Vollendung des Doms ein. Diese Erfahrung weckte sein grundsätzliches Interesse an der Baukunst der Vergangenheit, zumal der deutschen. Er war der erste Denkmalpfleger in Deutschland, wo die gotische Baukunst bald zum Symbol nationaler Identität wurde.

Der Backsteinbau der Friedrichwerderschen Kirche, eine einschiffige, fünfjochige Halle mit polygonalem Chorschluss, ist jedoch keine Kopie eines gotischen Bauwerks. Als Erstes fällt ins Auge, dass der Bau – völlig „ungotisch" – flach gedeckt ist. An die Stelle eines steilen Satteldachs setzt Schinkel eine begehbare Dachterrasse. Die Dachsilhouette wird bestimmt von kleinen Fialen in der Fortsetzung der wandgliedernden Lisenen. Die beiden Türme der Fassade, deren Mitte in der Art gotischer Backsteinkirchen ein einziges hohes Fenster einnimmt, haben keine Helme.

Die Halle ist mit Kreuzrippengewölben gedeckt, das Netzgewölbe wie das Mauerwerk sind aufgemalt. Das Schiff wird gegliedert durch gebündelte Wandpfeiler (mit ebenfalls aufgemaltem Quaderwerk), zwischen die schmale Galerien mit Brüstungen aus Holz (statt wie ursprünglich geplant aus Gusseisen) eingezogen sind.

Neue Materialien kommen nun indes allenthalben zur Verwendung: Gusseisen z.B. für die Türen der beiden Portale, gegossenes Zink für die Krabben der Fialen.

Historismus und Eklektizismus

Um 1860-1895

Auch wenn die Kunstgeschichte die Epoche des Historismus in der Zeitspanne zwischen 1860 und 1895 ansiedelt, so ist im Grunde das ganze 19. Jahrhundert gekennzeichnet von der Rückbesinnung auf Baustile der Vergangenheit. Man baut im klassischen und ägyptischen wie im gotischen Stil zu Beginn des Jahrhunderts, im Stil des Rokoko gegen die Jahrhundertmitte („zweites Rokoko"), bis gegen 1880 im Renaissancestil („Neorenaissance"), zu dem sich auch barocke Elemente gesellen („Neobarock"). Weiterhin wird jedoch auch „gotisch" gebaut, wie etwa das Neue Rathaus in München von Georg von Hauberisser (1867-1906) beweist. So kommt es häufig auch zu Überschneidungen. Bei gleichzeitiger Präsenz verschiedener historischer Stile an einem Bau spricht man von Eklektizismus. Es gab Musterbücher, in denen ein Bauherr (oft des neureichen Bürgertums) einen ihm genehmen Stil – oder mehrere Stile – für die Dekoration seines Hauses auswählen konnte.

209 Paris, Oper, 1860-1874 von Charles Garnier

Mit der zunehmenden Bedeutung des Bürgertums in den Städten wächst auch der Bedarf an gehobenen Unterhaltungsmöglichkeiten. 1860 begann man unter der Ägide Napoleons III. mit dem Bau der Pariser Oper nach Plänen von Charles Garnier. Der Entwurf orientiert sich an barocken Monumentalbauten (Arkaden im Erdgeschoss, Gliederung des Hauptgeschosses durch eine Ordnung von Kolossalsäulen, die flankierenden, mit Kuppeln gedeckten Pavillons). Den oberen Abschluss bildet ein klassischer Tempelgiebel, den eine überdimensionierte Krone (Wölbung über dem Zuschauerraum) jedoch weitgehend verdeckt. Das Motiv dieser Krone ist anscheinend ein „Zitat" nach verschiedenen Konkurrenzentwürfen italienischer Architekten für die Gestaltung der Ostfassade des Louvre (s. S. 229), etwa eines Girolamo Rainaldi.

Der pompöse Charakter des Baus bringt deutlich den gesellschaftlichen Anspruch, dem er genügen musste, zum Ausdruck.

210 Ostfassade des Louvre, Entwurf von Girolamo Rainaldi, 1664

***

Aufgrund der industriellen Entwicklung und einer von Grund auf sich neu formierenden Gesellschaftsordnung mit völlig neuen Bedürfnissen bahnte sich schon in der zweiten Hälfte des 19. Jahrhunderts (in England noch früher) eine Art zu bauen an, die den Historismus schließlich Geschichte werden ließ.

211 Paris, Grands Magasins de Printemps, 1865 von Paul Sédille. Teil der Fassade. Illustration aus „Gazette des Beaux Arts"

Mit den Grands Magasins du Printemps entstand eines der ersten großen Warenhäuser in Paris. Neben einem augenfällig historistischen Dekor macht sich hier zugleich – 14 Jahre nach dem Londoner Kristallpalast – auch der Einfluss der neuen Skelettbauweise bemerkbar. Die breite Front gegen den Boulevard Haussman besteht überwiegend aus Glas. Dabei sind Anklänge an italienische Architektur des Cinquecento nicht zu übersehen. Palladio z.B. stand Pate bei den Details der seitlichen Risalite. Der Reiz dieser Fassade besteht in dem Kontrast zwischen monumentaler Gesamtform und den filigranen Details der Untergliederungen, etwa die zarten Stäbe (eigentlich Säulchen mit Basen und Kapitellen), die die Fenster strukturieren, die hochovalen Medaillons und der subtile Zahnfries, der wie eine Perlenschnur wirkt. – Die farbige Glaskuppel kam erst 1924 hinzu.

212 Chicago, Marshall Field's Warenhaus, 1885-1887 von Henry Hobson Richardson

Nur wenige Jahre später entsteht in Amerika ein Geschäftsbau, der fast schmucklos seine klare Struktur zu erkennen gibt: das Marshall Field's Warenhaus in Chicago. Während eines Aufenthalts in Paris begegnete dem Architekten zum ersten Mal die Baukunst der europäischen Vergangenheit. Dabei fesselten ihn vor allem die Bauten der Romanik, was der Gestaltung des Warenhauses in Chicago deutlich anzusehen ist.

Die Fassaden des mehrstöckigen blockhaften Baus sind durchweg bossiert. Das Erdgeschoss ist sockelartig abgesetzt und hat relativ niedrige Fenster mit flachen Segmentbögen. Das erste Obergeschoss besitzt hohe, zweifach unterteilte Rundbogenfenster, das darüber liegende Geschoss hat (jetzt bedeutend kleinere) paarige Rundbogenfenster. Das oberste ist ein Halbgeschoss und enthält kleine hochrechteckige Fenster, jeweils vier in einer Travee. Das abschließende Gesims ist mit einem zahnschnittartigen Fries geschmückt.

Einzelne Elemente (die Bossierung, das oberste Geschoss als Mezzanin) finden sich schon an Bauten der Renaissance, erfahren hier aber eine völlig neue Interpretation. Das Ornament tritt im Gegensatz zu historistischen Beispielen völlig zurück. Eine gewisse Ähnlichkeit mit Schinkels Bauakademie in Berlin mag rein zufällig sein.

***

213 Buffalo, Guaranty Building, 1895 von Louis Sullivan

Zwischen 1874 und 1884 entstehen in Chicago die ersten Wolkenkratzer, wenn auch zunächst in vergleichbar bescheidener Höhe. Das Guaranty Building in Buffalo gliedert sich nach Sullivans Prinzip in eine Sockelzone, hier mit sechs Achsen, weshalb der Eingang exzentrisch (nach links versetzt) liegt, einen (zehngeschossigen) Schaft und eine Gebälkzone, hier mit kleinen Rundfenstern. Dieser Aufbau orientiert sich bewusst an der Gestalt der klassischen Säule. – Auf jegliches Bauornament hat Sullivan verzichtet, lediglich die schmalen Streben des Skeletts sind kleinteilig bossiert.

214 Glasgow, Scotland Street School, 1904 von Charles Rennie Mackintosh

Auch in Europa vollzieht sich um die Wende vom 19. zum 20. Jahrhundert eine Abkehr vom historistischen Bauen. Einer der großen Wegbereiter war Charles Rennie Mackingtosh.

Sein Entwurf für die Scotland Street School in Glasgow gibt buchstäblich transparent die Funktion einzelner Bauteile preis. Den Gesamteindruck bestimmen die großflächigen, rasterartig unterteilten Fenster. Ungewöhnlich ist, dass auch die die Fassade rahmenden Rundtürme, in denen die Treppen untergebracht sind, vorherrschend aus Verglasung bestehen.

Jugendstil

Um 1890-1910

Die Anfänge des Jugendstils, der seinen Namen der 1896 gegründeten Zeitschrift „Jugend" verdankt, liegen in Belgien. Die Bauten, die dieser Epoche zuzuordnen sind, geben sich vor allem durch ihr Ornament zu erkennen: Pflanzen, menschliche Körper, Gesichter werden zu stilisierten Mustern aus weich fließenden, wellenartigen Linien. Die Architektur selbst, die klare stereometrische Körper zu einem Ganzen vereint, steht dazu häufig im Kontrast.

215 Wien, Ausstellungsgebäude der Secession, 1897-1889 von Joseph Maria Olbrich. Plakat für die 2. Ausstellung der Secession 1898 (Ausschnitt)

Oblrichs Bau steht außerhalb jeglicher Tradition. In bewusster Abkehr vom Wiener Historismus stellt der Baukörper ein Ensemble stereometrischer Körper dar – von liegenden und stehenden Quadern und Platten wie aus einem Baukasten, überragt von einer Kuppel (im Längsschnitt einer Dreiviertelsphäre) in durchbrochener Arbeit, die aus vergoldeten Lorbeerblättern und Beeren besteht. Eine Treppe führt zum Haupteingang hinauf. Das Ornament im typischen Duktus des Jugendstils setzt nur wenige plastische Akzente.

216 Darmstadt, Ernst-Ludwig-Haus, 1900 von Joseph Maria Olbrich

Das Haus wurde als gemeinsames Ateliergebäude der Künstlerkolonie auf der Mathildenhöhe entworfen. Der zweigeschossige, breit gelagerte Bau ist im Erdgeschoss durchfenstert, während das etwa gleich hohe Obergeschoss eine glatte, ungegliederte Fläche bildet. Eine breite Freitreppe führt in mehreren Absätzen zum Eingang, auf den sich jeglicher Schmuck konzentriert. Die Tür unter einem mächtigen Rundbogen ist von einem kleinteiligen geometrischen Muster gerahmt. Die beiden allzu mächtig erscheinenden Figuren sind im Gesamtzusammenhang der Fassade zu sehen.

217 Entwurf für eine Wohnzimmerwand, um 1898 von Hermann Friling

218 Barcelona, Basilika der Sagrada Familia, beg. 1903 von Antoni Gaudì (bis heute unvollendet)

Dieser einzigartige Bau, Hauptwerk des europäischen Jugendstils, gibt erst auf einen zweiten Blick die gotische Kathedrale als sein Vorbild zu erkennen. Deren Vokabular – Fialen, Wimperge, Maßwerkfenster, Schwibbögen – sind auf höchst eigenwillige Weise umgestaltet. Dadurch, dass die Masse der Wandflächen zugunsten der Öffnungen reduziert ist, bekommt der Bau etwas Skeletthaftes.

Östliche und westliche Fassade sind Vierturmfassaden (die der Gotik unbekannt sind), die hohen spindelförmigen Turmhelme sind durchbrochen gearbeitet.

Die Zeit nach dem Ersten Weltkrieg

Wie schon im neunzehnten, so ist es auch im zwanzigsten Jahrhundert kaum möglich, eine lineare Entwicklung der Baukunst auszumachen. Die Kunstgeschichte hat die einzelnen Strömungen der ersten Hälfte des Jahrhunderts mit einer verwirrenden Vielzahl an Begriffen belegt: Expressionismus, Kubismus, Art déco, Neue Sachlichkeit, Funktionalismus, Minimalismus, Internationaler Stil, ohne dass damit etwas Verbindliches über einen jeweils gemeinsamen Stil ausgesagt wäre. Von allem ist etwas zutreffend.

Eines kann man mit Sicherheit sagen: die Rezeption vergangener Baustile scheint endgültig überwunden. Man beschränkt sich auf klare, wohlproportionierte Formen, verzichtet auf jegliche Bauornamente und setzt unkonventionelle Baumaterialien und -techniken ein.

Die Feststellung einer stilistischen Unabhängigkeit von traditioneller Baukunst ist jedoch bei einem Blick über die Jahrhundertmitte hinweg schon wieder zu relativieren, denkt man an Bauten der Postmoderne, die einzelne Elemente der klassischen Architektur aufgreifen, „zitieren", wenn sie diese auch in sehr großzügiger Weise abwandeln.

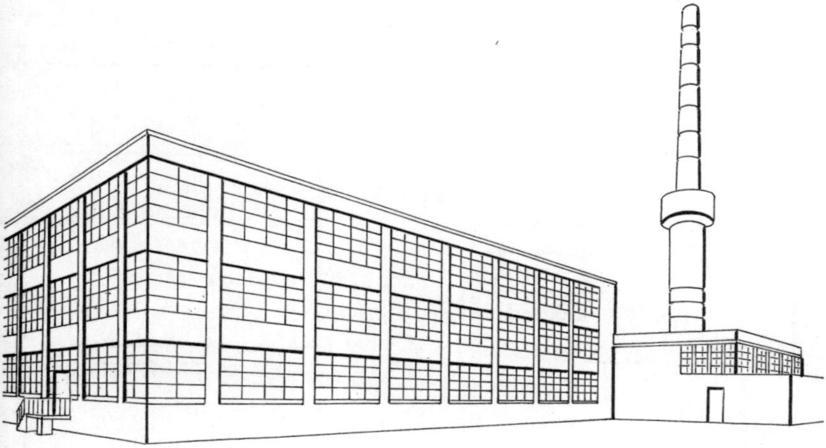

219 Alfeld, Faguswerke, 1911 von Walter Gropius

Längst werden Industriebauten nicht mehr einer künstlerischen Gestaltung für unwürdig erachtet. Wir denken z.B. an Ledoux „Veredelung" der Salinenbauten von Arc-et-Senans im Stil dorischer Tempelfassaden (s. S. 216). Doch inzwischen hat sich eine Bauweise etabliert, die der Funktion eines Bauwerks ganz sachlich Ausdruck verleiht. Wand und Fenster sind dabei die wesentlichen Elemente. Am Außenbau der Faguswerke von Walter Gropius, dem Begründer des „Bauhauses", fällt ins Auge, dass (ähnlich wie an der kurz zuvor entstandenen Scotland Street School von Mackintosh (s. S. 233) gerade die Bauteile, die traditionell Stabilität und Stärke verkörpern, wie Türme und Ecken, durch den großflächigen Einsatz von Glas in ästhetischer Hinsicht genau das Gegenteil, nämlich Fragilität und Leichtigkeit, ausdrücken.

Dieser Bau sollte sich als Wegbereiter für die Architektur der „Neuen Sachlichkeit" erweisen.

220 Utrecht, Haus Schröder, 1924 von Gerrit Rietveld

Das Haus Schröder in Utrecht entstand nach Plänen Gerrit Rietvelds, der der Künstlergruppe *De Stijl* angehörte, unter Mitwirkung der Bauherrin Truus Schröder. Das Wohnhaus, teilweise in Stahlbeton-Bauweise, stellt ein Ensemble von stereometrischen Körpern, großflächigen Fenstern und Platten verschiedener Formate dar, die Fassade und Dach bilden. Auf jegliches Bauornament hat Rietveld verzichtet. Die Nähe zu Piet Mondrians Malerei ist offensichtlich.

Wenn der Bau zudem mit der Bezeichnung „kubistisch" belegt wird, so ist auch das nicht abwegig.

Die Zeit nach dem Zweiten Weltkrieg

Die Bauaufgaben dieser Epoche sind schwerpunktmäßig öffentliche Bauten wie Wohnblocks, Museen, Gedenkstätten. Im Vergleich zum Mittelalter bis ins 19. Jahrhundert hinein spielt die Sakralbaukunst nunmehr eine untergeordnete Rolle. Um so herausragender ist der vorbildlose Bau der Wallfahrtskirche in Ronchamps bei Belfort.

221 Ronchamps, Notre-Dame-du-Haut, 1950-1955 von Le Corbusier

Die Wallfahrtskirche ist ein hoch auf dem Hügel stehender, weithin sichtbarer Betonbau. Das Äußere bietet rundum ein jeweils völlig unterschiedliches Bild. Keine Ansichtsseite gleicht der anderen. Die einzelnen Bauteile, etwa der Hauptturm im Südwesten oder das ausladende Dach, das wie ein Kissen über dem Bau liegt, haben durchaus plastischen Charakter. Das Körperhafte der dicken Wand wird dadurch betont, dass das farbige Fensterglas abwechselnd mit der Innenhaut und der Außenhaut der Wand bündig abschließt. Altar und Kanzel sind ins Freie vor die Ostseite verlegt. Das westliche Ende schließen zwei verschieden hohe Kapellentürme ab. Die Südfassade mit dem Haupteingang entspricht nur ungefähr der gegenüberliegenden Fassade mit ihren unregelmäßig eingelassenen Fenstern. Auffallend die Südwand, die nicht senkrecht, sondern schräg nach oben zurückweichend verläuft.

Le Corbusier verwirklicht hier die in seinem theoretischen Werk von 1955, dem „Modulor", aufgestellten Postulate, nämlich die Abkehr von der Tradition, den Verzicht auf jegliches Ornament und die Verwendung neuer Materialien wie Beton, der sich auch klar als solcher zu erkennen gibt.

222 Paris, Centre Pompidou, 1977 nach Plänen von Richard Rogers, Renzo Piano und G. Franchini

Das Äußere wirkt wie eine Baustelle. Tragwerk und Rohre der Gebäudetechnik sind nach außen verlegt und durch unterschiedliche Farben charakterisiert. Weiß sind Tragwerk und Belüftungsrohre, rot Treppen und Rolltreppen, gelb die Elektrik, blau die Wasserrohre und grün die Rohre der Klimaanlage.

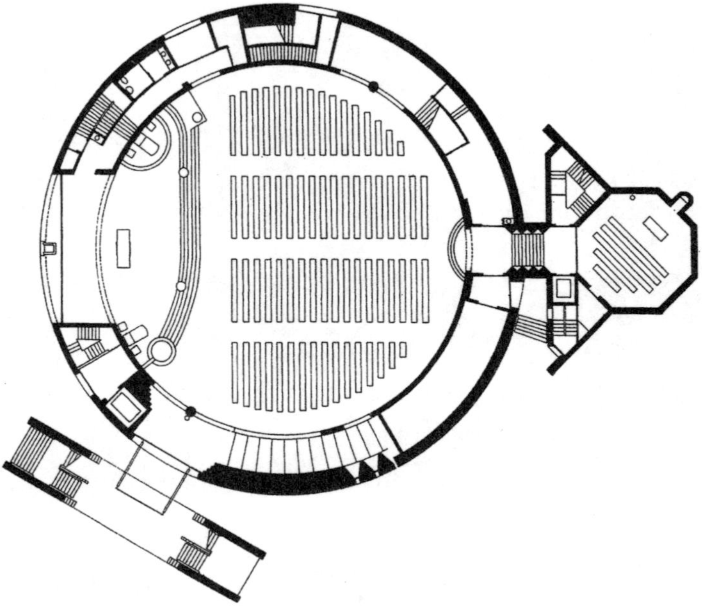

223 Evry, Kathedrale, 1991-1995 von Mario Botta. Grundriss

Der Baubeginn der bedeutendsten Sakralarchitektur der neueren Zeit, der Basilika in Barcelona (s. S. 238), liegt nun etwa einhundert Jahre zurück. Inzwischen scheint das klassische Bild einer Kathedrale in Vergessenheit geraten. Der Bau von Evry, in unverputztem Ziegelmauerwerk, liegt über kreisförmigem Grundriss. Sein oberer Rand ist (gegen Südwesten) geneigt und mit 24 Linden bepflanzt - eine Krone aus lebendigem Grün. An der Nordostseite erhebt sich ein Glockenturm in bescheidener Höhe. Die Zeiten, in denen die Türme der Kathedralen die höchsten Punkte der Silhouette einer Stadt bezeichneten, sind Geschichte.

Postmoderne

Wie viel Nachhaltigkeit und Einfluss die klassische Architektur Europas auch anderswo hat, beweist die sogenannte Postmoderne, die man den Stil der Erinnerung genannt hat.

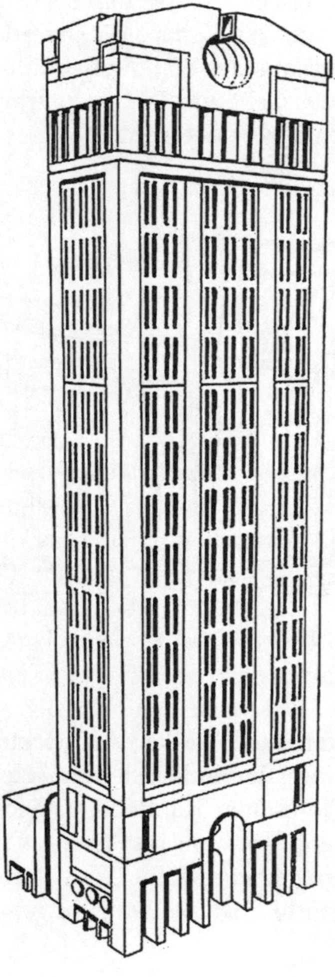

224 New York, Sony Building, 1978-1984 von Philip Johnson und John Burges

Der Bau des Sony Buildings schließt in eigener Weise an die Hochhäuser im Chicago des 19. Jahrhunderts an, vor allem an Louis Sullivan, der eine Gliederung auch des Hochhauses in drei Zonen forderte: in Sockel, Schaft und Bekrönung. Es gilt als typisches Beispiel eines Baus der Postmoderne, die sich nach der Jahrzehnte andauernden Abstinenz wieder auf die Tradition antiker Bauelemente besinnt. Der Giebel des Wolkenkratzers rezipiert den klassischen durchbrochenen Dreiecksgiebel, neu jedoch ist der Giebelausschnitt als Dreiviertelkreis mit glattem Profil. Auch die Serliana (s. S. 147) des Sockelgeschosses erscheint glatt aus der Wand geschnitten. Neu ist auch, dass die Front des Gebäudes ohne Unterbrechung durch ein Gesims in den Giebel übergeht.

225 New Orleans, Piazza d'Italia, 1990 von Charles Willard Moore

Auch hier begegnet man Elementen antiker Architektur. Nach Jahrzehnten der „Ächtung" finden klassische Säulen, hier mit korinthischen und ionischen Kapitellen, wieder Verwendung. Wie eine Bühnendekoration im Stil des Cinquecento erscheint das beherrschende Motiv eines Rundbogens, der auf zwei von korinthischen Säulen getragenen Gebälkstücken ruht.

Dekonstruktivismus

226 Bilbao, Guggenheim Museum, 1993-1997 von Frank O. Gehry

Die jüngste Entwicklung wurzelt in Amerika, hat inzwischen jedoch längst auch in Europa Fuß gefasst. Die Bezeichnung „Dekonstruktivismus" leitet sich vom Titel einer Ausstellung von 1989 im Museum of Modern Art in New York her. Sie ist im Grunde irreführend und wird von einem Betroffenen, Daniel Libeskind abgelehnt.

Es handelt sich um die bislang radikalste Abkehr von der traditionellen Idee von Architektur, dem seit der Antike gültigen Prinzip von Tragendem (Säulen, Pfeilern) und Getragenem (Gebälk, Wände, Giebel).

Von Weitem gleicht der Bau des Guggenheim Museums mit seiner Metallverkleidung (Titan) einem Gegenstand aus zusammengedrücktem Blech. Der Eingang gibt sich nicht ohne Weiteres zu erkennen, dennoch erweist sich dieses plastische Gebilde als begehbar. Es birgt neben den Ausstellungsräumen eine Bücherei, ein Auditorium, einen Museumsladen, ein Restaurant und ein Café.

Es ist schwer, sich eine Vorstellung von seinen Abmessungen zu machen. Traditionell standen Maß und Zahl des Bauwerks in einem bestimmten Verhältnis zum menschlichen Körper, das allerdings schon von Architekten wie Ledoux und Boullée infrage gestellt wurde (vgl. S. 215). Einen Anhaltspunkt für die Einschätzung der Dimensionen gibt es hier nicht – abgesehen vom Vergleich mit Bauten der Umgebung.

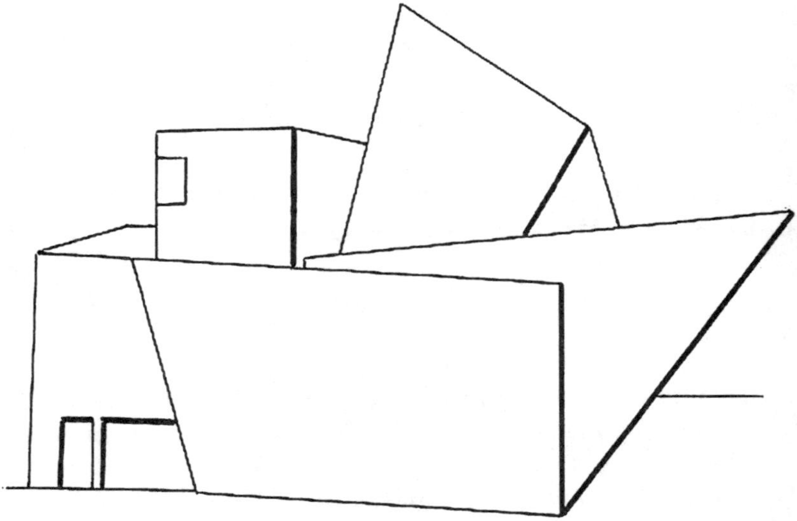

227 Denver, Art Museum, Hamilton Bau, 2003-2006 von Daniel Libeskind

Der Bau des Museums in Denver ist eine Komposition unregelmäßiger stereometrischer Körper und bietet allseitig eine quasi unendliche Fülle an verschiedenen Ansichten. Anders als beim Guggenheim Museum in Bilbao dominiert hier die gerade Linie, aber auch in Denver lassen sich die Dimensionen des Werks nur im Vergleich mit Bauten der Nachbarschaft einschätzen.

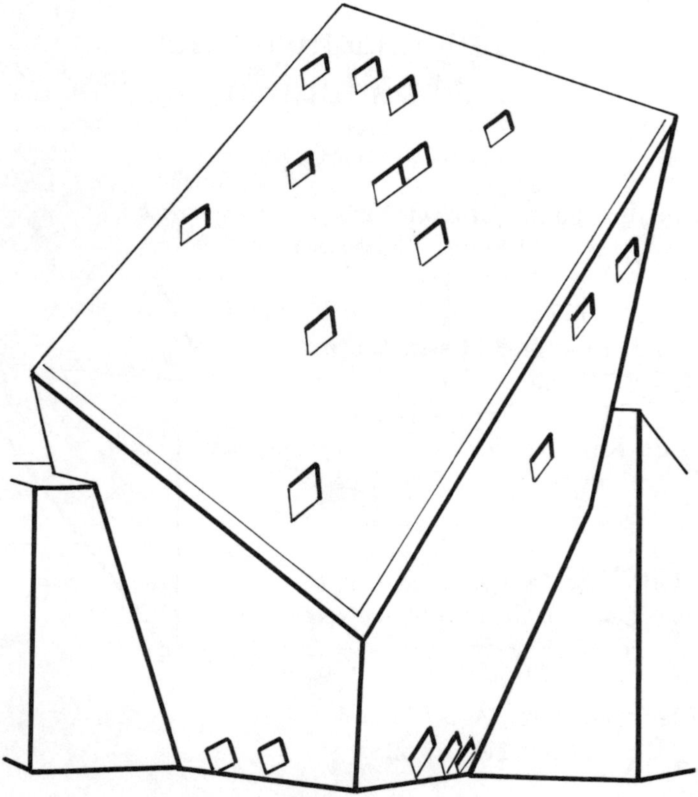

228 San Francisco, Contemporary Jewish Museum, 2008 von Daniel Libeskind

Wie ein eingeschlagener Meteorit bohrt sich der ungegliederte, quaderförmige Baukörper in blau schillerndem Stahl mit einer der Spitzen in den Boden, zerstörerisch und dabei selbst beengt durch die traditionellen Bauten seiner Nachbarschaft.

Was im Wald von Bomarzo das Widersinnige, Monströse verkörperte (s. S. 145), illustriert nun eine völlig neue Auffassung von „Architektur" mit dem Anspruch auf Normalität.

Quellennachweis der Abbildungen

Christian Beutler, *Reclams Kunstführer, Frankreich I. Paris und Versailles.* Stuttgart 1979
S. 168

Günther Binding, *Masswerk.* Darmstadt 1989
S. 119, 126

Mario Botta. Architetture del Sacro. Preghiere di Pietra. Editrice Compositori 2005
S. 246

Mario Bucci/Raffaello Bencini, *Palazzi di Firenze. Quartiere di Santa Maria Novella.* Firenze 1973
S. 136

Klaus Bußmann, *Paris und Ile de France.* Köln 1982 u.ö.
S. 167, 209, 212, 213, 218

Borromini e l'universo barocco. A cura di Richard Bösel, Christoph L. Frommel. Milano 2000
S. 175, 178, 180

Canaletto & Visentini. Catalogo della mostra a cura di Dario Succi. II edizione 1986
S. 123, 150

Georg Dehio/Gustav von Bezold, *Die kirchliche Baukunst des Abendlandes* Atlas 1, Stuttgart 1887, Atlas 2, Stuttgart 1888
S. 22 (unten), 23 (oben), 39, 40 (unten), 41, 42, 44, 45, 46, 48, 49, 50, 51, 52, 54, 61, 62, 63, 65, 66, 67, 68, 69, 71,

72, 76, 77, 78, 79, 80, 81, 82, 84, 85, 87, 88, 92, 93, 94, 95, 97, 98, 98, 100, 102, 103, 104, 105, 121

Dorothea Diemer, *Untersuchungen zu Architektur und Skulptur der Abteikirche von Saint- Gilles.* Stuttgart 1978
S. 86

Der Englische Garten in München. Hg. Bayerische Verwaltung der Staatlichen Schlösser, Gärten und Seen. München 2000
S. 208

Sven Eriksen, Early Neo-Classicism in France. The Creation of the Louis Seize Style. London 1974
S. 217

Gottfried Gruben, *Der Tempel der Griechen.* Darmstadt 1986
S. 16, 18

Wilfried Hansmann, *Das Tal der Loire.* Köln 1976 u.ö.
S. 166

Hermann Heckmann, *Pöppelmann und die Barockkunst in Dresden.* o. J.
S. 195

Jacques Henriet, *Saint-Philibert de Tournus, l'abbatiale du XIe siècle.* Paris o. J.
S. 64

Hans-Joachim Kadatz, *Deutsche Renaissancebaukunst.* Berlin 1983
S. 156, 159 , 161, 187

Georg Kauffmann, *Reclams Kunstführer, Italien III,1, Florenz und Fliesole.* Stuttgart 1962
S. 130

Batty Langley, *Gothic architecture restored and improved.* London 1742
S. 224

Kleines Wörterbuch der Architektur. Philipp Reclam jun., Stuttgart 1995
S. 22

Rolf Lauer, *Der Schrein der Heiligen Dreikönige*. Köln 2006
S. 109

Fréderic Lesueur, *Le Château de Blois*. Paris 1970
S. 165

Fritz Löffler, *Dresden im 18. Jahrhundert: Bernardo Bellotto genannt Canaletto*. Würzburg 1988
S. 205 (oben)

Michelangelo Architetto a San Lorenzo. Catalogo a cura di Pietro Ruschi. Mandragora 2007
S. 143

Monika Steinhauser, *Die Architektur der Pariser Oper.* München 1969
S. 228

Henry M. Millon/Craig Hugh Smyth, *Michelangelo Architetto*. Ausstellungs-Katalog, Olivetti 1988
S. 144

Andrea Palladio, *Die vier Bücher zur Architektur.* Wiesbaden, 2008, 3. Aufl. 2012
S. 12, 18, 19, 23 (unten), 24, 25, 26, 28, 31, 32, 33, 34, 138, 139, 146, 147, 149

Michael Petzet, *Claude Perrault und die Architektur des Sonnenkönigs*. München 2000
S. 210 (oben), 229

Nikolaus Pevsner, *Europäische Architektur von den Anfängen bis zur Gegenwart*. München 1983 u.ö.
S. 47, 57, 60, 91, 110, 116, 131, 134, 140, 151, 152, 157, 158, 173, 182, 194, 204, 205 (unten), 210 (unten), 213, 231, 233

Tiziana Pezzella, *Saint-Étienne-du-Mont*. Bologna o. J.
S. 170

Renzo Piano, *Museumsarchitektur*. Mit einer Einführung von Victoria Newhouse. Ostfildern 2007
S. 245

Alfons Satzger, *Wallfahrtskirche Wies*. Augsburg und Basel o. J.
S. 200

William Tronzo, *St. Peter's in the Vatican*. Cambridge 2005
S. 37, 38

Zentralinstitut für Kunstgeschichte, München, Photothek
S. 114

Die Neuzeichnungen auf den Seiten 56, 107, 118, 120, 137, 145, 190, 200 (oben), 221, 236, 241, 242, 243, 247, 249, 250 und 251 stammen von Theodor Schwarz, Urbach.